대한민국 교육혁신 프로젝트
# 2017년까지
# 새로운 고등학교
# 만들기

대한민국 교육혁신 프로젝트

# 2017년까지
# 새로운 고등학교
# 만들기

김철중 지음

이담
Books

# 혁신은 이렇게 쉬울 수 있다

MB 정부 출범 이후, 2008년 여름부터 3년 반 동안 파견과 휴직으로 학교를 떠나 있던 나는 올해 3월, 일반계 고등학교 교사로 복귀했다. 복귀를 앞두었을 때, 알고 지내던 많은 선생님들이 학교가 너무 힘들어졌다며 우려했지만, '학교가 망가졌으면 얼마나 망가졌을까?' 하는 생각으로 대수롭지 않게 여겼다. 또, '내가 남보다 더 열심히 하면 되겠지' 하는 마음으로 각오를 다졌다.

하지만 새롭게 만난 학생들, 그리고 학교의 상황은 나의 예상을 훨씬 뛰어넘는 것이었다. 나 하나의 의지나 노력으로는 바꿀 수 없는, 결코 만만치 않은 현실이 눈앞에 있었다. 학생들은 개학 첫날부터 나의 수업엔 관심을 보이지 않았고 무기력한 표정으로 잠을 청했다. 복도의 양 끝에 있는 화장실은 2교시도 지나지 않아 담배 연기로 가득 찼다. 아침 조례에 늦고, 청소하지 않고 도망가는 학생들이 너무나 많았다.

수합해야 하는 가정통신문은 며칠이 지나도 다 모아지지 않았다.

더 큰 문제는 학생들에게 무언가 잘못했다는 표정을 찾기 어려운 것이었다. "그거 꼭 해야 해요?" "하기 싫어요." "아! 그랬어요? 깜빡했네요"와 같은 말들이 예사롭게 나왔다. 수업시간에 엎드려 자고 있는 학생을 깨우면 오만상을 찡그리며 왜 깨우느냐는 식으로 노려보고, 떠드는 것을 지적하면 떠들지 않았다거나 나만 그런 게 아닌데 왜 나만 지적하느냐고 따지는 학생들도 너무 많았다.

선생님들은 특목고, 자사고, 자공고에서 우수한 학생을 모두 선점했고, 일반계 고등학교에는 70% 이상이 공부를 따라갈 수 없거나 아예 할 의지가 없는 학생들만 모여 있으니 어쩔 수 없다고 했다. 게다가, 인권을 존중해야 한다며 체벌을 금지했으니, 이처럼 말을 듣지 않는 학생들을 지도할 수단도 없어졌다며 한숨지었다. 이 상황을 방치할 수밖에 없는 현실을 개탄했다.

나는 책임감을 느끼고 있었다. 이처럼 고등학교가 망가진 이유가 무엇인지 잘 알고 있었기 때문이다. 내가 학교를 떠나 있던 기간에 많은 일이 일어났다. 그리고 그 일에는 나에게도 책임이 없지 않았다. 지금의 상황을 초래한 '2009 개정 교육과정', '고교체제 개편', '2014 학년도 수능시험 개편안'이 만들어질 때, 나는 대통령 교육자문기구에 근무 중이었기 때문이다.

물론, 당시에 나는 이런 정책이 학교 현장을 심각하게 훼손할 수 있음을 말했다. 그러나 나의 힘만으로 될 일이 아니었다. 교육 현장의 의견을 수렴한다고 간담회, 대규모 공청회, 설문조사도 수없이 진행했지만 결국은 생색내기일 뿐이었다. MB 정부의 교육정책은 이미 예정된 프로그램이 있는 듯 극단과 파국을 향해 치달았다.

결국, 자괴감을 갖고 학교로 돌아온 나는 피폐해진 학교의 현실을 직접 체험하며 살고 있다. 그리고 더 늦기 전에 할 일을 해야겠다고 생각했다. 그것은 고등학교 현장을 혁신할 종합적이고도 실제적인 제안을 하는 것이었다.

우리나라엔 교육 현장의 상황을 전혀 모르면서 교육정책을 만들고 시행하는 교육 관료, 국회의원, 정치인들이 너무나 많다. 그러다 보니, 이들이 잘 해보겠다고 만들어 낸 정책이 오히려 교육 현장의 혼란만 가중시키는 경우가 태반이다. MB 정부는 물론이고, 그간의 정부에서 쏟아져 나온 교육정책 대부분이 그랬다. 나는 감히, 이들보다 내가 보다 합리적이고 현실적인 정책을 제안할 수 있다고 본다. 보다 더 상식에 부합하는 정책을 만들 수 있다고 본다.

평범한 고등학교의 교사로 살고 있는 지금, 나는 이 삶이 즐겁지 않다. 행복하지 않다. 어려운 상황에서도 묵묵히 일하며 교단을 지키는 훌륭한 동료 선생님들께, 그리고 누가 뭐라고 해도 선생님을 믿고 열심히 공부하는 학생들에게 미안하지만, 나의 솔직한 감정이 그러하다. 학교에서 교육적 의미를 찾지 못하겠다. 이런 교육, 이런 학교가 유지되어도 괜찮은 것인지 의심만 커져 간다.

그런데도 정치인은 물론이고 엉터리 관료, 교수와 연구자, 교장처럼 교육계의 지도층이라 할 만한 분들은 문제가 없다고 한다. 오히려 '대한민국 교육이 최고이다', '학교가 좋아지고 있다', '학생들의 실력이 좋아졌다'와 같은 어처구니없는 말을 늘어놓는다. 엉뚱한 문제 제기와 처방으로 우리 교육이 나아갈 방향을 흐려 놓는다. 이들이 선무당이 되어 우리 교육과 학교를 망치고 있다. 마침내 학생, 학부모, 선생님 모두를 잡을 참인지 참으로 두렵다.

## □ 달라진 아이들, 눈높이 수업이 너무 어렵다

고등학교 선생님은 해가 바뀔 때마다 학생들이 새롭다. 본인은 한 해씩 나이가 들어가는데, 한창 청소년기인 학생은 한 해씩 어려진다. 열심히 가르친 아이들은 졸업하여 대학과 사회로 떠나고, 다시 어린 학생이 입학한다. 같은 학년을 계속 담당한다고 해도 세대 차이가 1년에 두 해씩 벌어진다. 혹시라도 3학년을 가르치다 1학년을 맡게 되면 그 격세지감은 더 커진다.

노련한 교사는 이러한 세대 차이를 극복하면서 교직생활을 이어간다. 하지만 나이가 들수록 한계를 느낀다. 아이들의 변화를 따라잡고, 이들을 이해하기가 갈수록 벅차다고 느낀다. 여기에 더해 정부의 교육정책은 계속 학교 현장을 황폐화하고 있으니, 지금 나이 50세를 넘긴 선생님 가운데 상당수는 퇴직 시기만 저울질하고 있을 정도로 사기가 떨어져 있다.

현장을 떠난 지 3년 6개월 만에 돌아온 나는 아직 퇴직을 고민할 나이는 못 된다. 다만, 조금 전의 계산으로 치면 무려 7년의 세대 차이를 경험하면서 어려움을 몸소 체감하고 있다. 여기에는 잘못된 교육정책 탓이 크지만, 어쨌든 새로운 세대를 만나고 있다는 생각이 든다.

무엇보다 뚜렷하게 느끼는 것은 아이들은 비주얼 세대라는 것이다. 전통적인 수업방식은 교과서에 있는 글의 내용을 파악하고 주요한 개념을 이해시키고 설명하는 것이다. 이를 위해 교과서의 어느 부분에 줄을 친다거나 간단한 필기를 하는 일은 불가피하다. 아이들도 이런 방식의 수업엔 익숙하므로 최대한 열심히 시키는 대로 하려 한다. 하지만 이내 많은 학생들이 고개를 떨어뜨리고 잠을 청한다. 지루하기 때문이다. 그런데 이들에게 영상물을 보여 주면 이야기가 달라진다.

내가 수업하는 2학년 대상의 '생활과 윤리'라는 과목에 영국의 소설가 조지 오웰(Orwell, G.)을 소개하는 부분이 있다. □1984년□에서 그가 묘사한 빅브라더의 사회의 문제점을 언급하고자 하는 것인데, 교과서는 먼저, 벤담(Bentham, J.)의 판옵티콘을 그림으로 보여 준다. 이 원형감옥에서 감시자는 피감시자를 볼 수 있지만, 피감시자는 감시자를 볼 수 없어 항구적인 자기 감시 효과, 즉 규율의 내면화 효과가 발생한다는 프랑스 철학자 푸코(Foucault, M.)의 지적도 소개한다. 그러고는 심화학습란에서 □1984년□의 일부를 다음과 같이 제시한다.

> "윈스턴의 등 뒤에서 철강 생산 부서가 제9차 3개년 계획을 초과 달성했다는 내용을 텔레스크린이 지껄이고 있다. 이 텔레스크린은 저쪽에서 오는 것을 방송하는 동시에 이쪽 것을 저쪽으로 전송한다. 윈스턴이 내는 소리는 아무리 작은 소리라도 모두 걸려든다. 그뿐만 아니라 이 금속판의 시야에 들어 있는 한, 윈스턴이 하는 짓은 다 보이고 다 들린다. 물론, 언제 감시를 받는지 알 수도 없다. 그래서 사람들은 자기가 내는 소리는 모두 들리고, 캄캄할 때 외에는 그의 모든 동작이 세세히 감시되고 있다는 전제 아래 살아가야 하고, 또 그것이 본능적으로 습관화되어 있다."

위 제시문에 이어 두 개의 문항이 있다.

1. 위의 상황이 미래에 실현될 가능성에 대해 토론해 보자.
2. 이러한 미래 사회가 바람직한지 평가해 보자.

독자라면 이 문항에 어떻게 답변할 수 있을지 궁금하다. 또한 이를 선생님 입장에서 가르친다면 어떻게 가르치려 할지 모르겠다. 아마도

이 답변을 하기 전에 즉각적으로 느껴지는 것은, '고등학생이 보는 교과서가 결코 쉽지는 않구나!' 하는 생각이 아닐까 한다.

맞다. 노련한 교사라고 해도 이런 내용을 가르치는 것은 쉽지 않다. 더욱이 흥미와 수준이 천차만별인 학생들이 섞여 있는 일반계 고등학교 교실에서 이를 잘 가르치기는 너무나 어렵다. 나 역시 마찬가지이다. 나는 비교적 전통적인 방식을 따라 수업한다. 즉, 위에서 언급된 사상가들을 소개하고, 교과서의 중요한 부분엔 밑줄을 치게 하고 부연 설명한다. 또한 추가적인 메모도 하게 한다. 학생들은 쓰라고 하지 않으면 대개 쓰지 않기 때문이다.

그런데 이런 수업은 학습 의욕을 가진 친구들에게는 익숙한 방식이다. 하지만 공부 자체에 의욕을 잃고 이미 눈을 감고 있는 아이, 몰래 핸드폰을 만지작거리는 학생에겐 소용없는 짓이다.

토론식, 발표식 수업을 시도하면 되지 않겠냐고 지적하는 독자도 있겠지만, 이는 말처럼 쉽지 않다. 토론이나 발표식 수업을 시도하려면 교사의 능력도 중요하지만, 학습 내용과 학생 변수도 고려해야 한다. 내 판단으로는, 이 내용은 새로운 지식을 습득해야 하는 부분이므로 어느 정도의 설명과 필기가 불가피하다. 또한, 매우 다양한 학생들 40명으로 이루어진 교실에서 섣불리 토론과 발표식 수업을 시도하다가는 자칫 죽도 밥도 안 되는 상황에 처할 수도 있다.

그래서 나는 조금이라도 학생들의 주의를 집중시키고자 EBS 지식채널에서 소개한 5분짜리 짧은 동영상을 보여 주었다. 내용은 조지 오웰이 왜 □동물농장□이나 □1984년□과 같은 소설을 쓰게 되었는지에 관한 것이었다. 그가 식민지인 버마(현 미얀마)에 가서 사형을 집행하면서 느낀 깨달음과 일부러 체험한 밑바닥 생활 그리고 공산 독재사회를 풍자한 수작을 쓴 작가로 인정받으면서도 영국 정보부의 감시를 받았던 사연 등이 소개되었다. 내가 컴퓨터를 연결해 자료를 보여주니, 열심히 공부하던 학생은 물론이고 엎드려 있던 친구, 산만하게 움직이던 친구도 화면을 응시한다. 음악과 함께 영상으로 전달되는 이미지가 익숙하고 흥미로웠던 것이다.

가치와 규범을 가르치는 나의 과목에서 나는 일방적으로 어떤 가치규범이 옳다고 선언하지 않는다. 또는 강요하지 않는다. 교과서도 이를 단정하지 말고 학생들에게 생각할 기회, 토론할 기회를 주도록 구성되어 있다. 따라서 가능하면 지식 전달 위주의 수업보다는 학생들 스스로 생각하고 판단할 기회를 많이 주는 것이 좋다. 이것이 자유민주주의 사회의 가치 교육론이자 도덕 교육론이기 때문이다.

하지만 지금의 고등학교는 이런 교육을 하기엔 상황이 열악하다. 교실의 구조와 여건, 40명이 넘는 학생 수, 1교시부터 7교시까지 숨 쉴 틈 없이 들어선 많은 수업, 상대적 서열을 드러내야 하는 내신 성적이나 수능시험의 방식 등 때문이다. 내 생각으로는 아마도, 어떤 교과도 해당 교과의 교육적 취지에 부합하는 수업을 하기가 쉽지 않을 것이다.

이런 상황에서 나온 나의 타협책이 비디오 자료였다. 문제는 이런 자료가 그리 많지 않다는 것, 그리고 이런 영상물을 보기 위해 교실에서 컴퓨터, 프로젝터, 스크린 등을 켜고 연결하여 작동시키는 데 시간이 많이 걸린다는 점이다. 어떤 교실에서는 기계가 자주 고장이 난다. 그러니 학교 현장은 발표식, 토론식 수업은커녕 영상세대라는 학생의 특성과 눈높이에 맞춘 수업을 하기에도 열악하기만 하다.

□ 학생의 인권을 존중하고 싶다. 하지만 현실은 어렵다

독자가 고등학교 교사라면 수업시간에 화장실을 가겠다고 하는 학생을 어떻게 하겠는가? 수업시간은 50분이고, 쉬는 시간은 10분씩 있다. 쉬는 시간에 용무를 해결하면 좋은데, 그래도 수업시간에 손들고 화장실을 가겠다는 아이가 꼭 있다. 나는 "쉬는 시간에 무엇을 했냐?"며 참으라고 하다가도 학생이 더 재촉하면 대개 인정하고 보내 준다.

원칙적으로만 생각한다면, 다 큰 고등학생이 이런 일까지 교사의 허락을 받아야 하는 일인지 의구심이 든다. 사람의 생리적 현상은 급하게 작용할 수 있다. 따라서 수업시간이라 해도 화장실을 이용할 수 있는 것은 당연하다. 대학의 강의실이나 성인을 대상으로 하는 수업이라면, 수강생은 교수에게 물어볼 필요도 없고 다른 이에게 피해를 주지 않는 범위 내에서 조용히 일어나 나갈 것이다. 잠시 후, 수강생이 돌아오면 교수나 다른 수강생은 대수롭지 않게 여기고 지나갈 것이다.

하지만 고등학교에서는 학생이 교사의 허락 없이 교실 밖으로 나가는 것은 곤란하다. 반드시 손을 들고 교사의 허락을 받아야 한다. 그리고 대체로 선생님은 이를 허락하지 않으려 한다. 모두가 수업 중인 다른 교실에 폐가 될 수 있을 뿐 아니라, 쉽게 허용하면 이를 악용하는 학생들이 많아질 것을 우려하기 때문이다. 실제로 이런 학생 중에는 수업을 상습적으로 회피하고, 화장실에 가서 흡연을 한다거나, 학교를 배회하는 학생이 많다.

어떤 친구들은 화장실은 조용한 곳이거나, 반드시 비데가 설치된

곳만을 이용해야 하는 예민한 성격일 수 있다. 이런 학생을 고려하여 많은 학교가 학생용 화장실에 이런 시설을 해 놓았지만, 불행히도 내가 근무하는 학교는 그렇지 못하다. 그러니 이들은 남들이 사용하지 않는 시간에, 비데가 설치된 1층의 손님 및 교사용 화장실을 이용하고자 수업시간에 손을 드는 것일 수도 있다.

그런데 학생이 이런 사정에 있는지, 급한 상황에 있는지, 담배를 피우거나 딴짓을 하려는 것인지를 확인할 방법은 없다. 어쨌거나 학급에서 수업하는 교사가 이런 학생의 요구를 모두 묵살하기는 어렵다. 그런데 이런 학생들이 어쩌다 하나둘 있는 것이 아니라, 매번 네다섯 명에 이르면 교사로서는 불쾌할 수밖에 없다. 수업이 끊기고 학생들에 대한 의심도 커지기 때문이다. 그래도 참고 모두 용인해 주어야 할까?

이번에는 몸이 아프다며 조퇴를 요청하는 학생이 있다고 해 보자. 담임교사로서 어떻게 해야 할까? 학생이 몸이 아프다면 담임교사는 질병을 사유로 하는 조퇴를 허용할 수 있다. 당연하다. 건강을 먼저 챙기고 공부해야 한다. 하지만 나를 비롯해 보통의 고등학교 선생님은 학생에게 참으라고 이야기한다. 웬만하면 보건실에 가서 약을 먹거나 잠시 쉬었다가 오라고 한다. 이 역시 모두 허락해 주면 학생들은 너도나도 아프다며 조퇴를 하겠다고 하기 때문이다.

많은 학교에서 학생의 조퇴 조건은 까다로울 것이다. 내가 근무하는 학교에서도 전화로 부모님께 알리고 부모가 동의할 때 허락한다. 그리고 반드시 병원에 가서 진단하고 처방전을 가져와야 한다는 조건을 붙인다. 그런데도 어떤 아이들은 상습적으로 아프다며 조퇴를 하려 한다. 머리나 배도 아프고, 감기 몸살도 자주 걸린다. 조금만 아파도 집에 가서 쉬어야겠다며 엄살을 부린다. 이런 학생들에게 조퇴를 당연한 권리로 인정하여 모두 허락할 것인가?

화장실을 가려 하거나 조퇴를 하려는 학생들 가운데 상당수는 사실, 수업이 싫고 학교가 싫은 학생이다. 이런 학생에게 현재의 학교는 감옥과 다르지 않다. 이들이 답답한 것은 이해가 된다. 알아듣는 것도 없고, 공부하는 것 자체가 싫을 수 있다. 하지만 교사로서도 이런 학생의 의사를 모두 존중하면서 수업을 하고 학급을 운영하기란 참으로 어렵다. 이런 학생의 의사를 적절히 수용하되, 아니라고 판단될 때는 단호하게 자를 필요가 있는 곳이 학교이다.

그런데 최근, 학생의 인권을 존중한다는 이유에서 그간 학교에서 지켜진 많은 질서와 규범은 무력화되거나 파괴되었다. 엄격한 규칙과 처벌, 교사의 권위는 사라지고 학생의 요구만 중요시되고 있다. 이들이 공부할 마땅한 환경은 조성되지도 못했는데 학생의 권리만 강조된다. 그 결과는 학교 붕괴이고, 교육 붕괴이다.

지금 학교에는 슬리퍼를 신고 등교하는 아이, 지각과 조퇴를 밥 먹듯이 하는 아이, 수업시간마다 손을 들고 화장실을 가겠다는 아이, 화장실에 가서는 담배를 피우는 아이, 책상에 엎드려 잠만 자는 아이, 핸드폰만 만지작거리는 아이, 쌍스런 욕과 폭력적인 괴성만 지르는 아이가 너무나 많다. 평범한 일반계 고등학교에 이런 학생들이 한 반에 10명도 넘게 앉아 있다.

□ 학교는 달라지지 않았다

교육정책을 책임진다는 관료나 정치인들은 학교가 많이 변했다고 한다. 교과교실제가 실시되고, 수업도 미래 지향적인 토론과 실험 위주로 한다고 선전한다. 선생님들이 학원 강사보다 더 잘 가르치는 실력과 능력을 갖추고 있다고 자랑한다. 수준별 이동수업으로 수준이 같은 학생들을 모아 더 잘 가르치고 있다고 한다.

그러나 학교는 달라지지 않았다. 이미 학부모가 된 지금의 30~40 대들이 학교에 와서 보면 알 것이다. 학교의 건물, 교실의 크기, 담임교사와 교과교사의 역할, 수업시간, 쉬는 시간, 점심시간과 같은 체제가 그대로이다. 무엇을 어떻게 가르치고 배울 것이냐를 정하는 교육과정, 이를 어떻게 평가할 것이냐는 시험의 체제가 크게 바뀌지 않았다. 여전히 국어, 수학, 영어가 주요 과목이다.

학부모 세대와 달라졌다면 학생들이 갖고 있는 교과서가 컬러 인쇄로 훨씬 좋아졌으며, 그 교과서에 있는 지식의 내용이 과거보다 더어려워졌다는 정도이다. 시험이 4지 선택형 객관식에서 5지 선택형객관식으로 바뀌고, 논술이나 수행평가를 많이 한다는 점도 눈에 띌수 있다.

달라진 것으로 치자면 학생들의 태도가 눈에 띄게 달라졌다. 바람직한 방향이 아니다. 반항적이며 거칠어졌다. 학생들은 교사의 말에 순종적이지 않다. 토를 달고 따지기 일쑤다. 내가 근무하는 학교에서 일어난 사례를 보자. 화장한 얼굴과 파마한 머리를 나무라는 선생님에게 한 여학생은 다음과 같이 따진다.

"왜 저만 단속해요. 다른 아이들도 하잖아요", "이런 거는 허용해야되는 거 아니에요. 개성을 살리는 것인데 왜 못 하게 해요." 선생님은 다른 아이들도 단속할 것이며, 이는 학교의 규칙이라고 말한다. 하지만 학생은 "저는 그런 규칙에 동의한 적 없어요"라고 대든다. 선생님

은 학교의 규칙을 잘 알겠고, 이를 지키겠다는 서약을 한 학기 초의
가정통신문을 꺼내 들어 학생에게 보여 준다. "동의한 적 없다고? 이
거 봐. 너와 부모님이 분명히 했잖아." 그제야 학생은 입을 삐죽거리
며 화장을 지우려고 한다.

많은 학생이 일단 우기고 보자는 식, 목소리 크면 이긴다는 식의
못된 생존방식을 터득하고 있다. 불리하면 그때 인정해도 늦지 않으
니, 우선 할 말은 다 하자는 식이다. 이처럼 아이들은 달라졌지만, 학
교의 체제는 바뀐 것이 별로 없다. 권위만 상실했다. 이러니 학생과
교사 모두 괴롭기만 하다.

## ☐ 초점은 고등학교이다

사회에 대해 건전한 의식을 갖고 있고, 우리 교육의 문제에 대해
열변을 토하는 보통의 시민도 현재의 학교를 어쩔 수 없다고 생각하
는 사람들이 많다. 이미 망가질 때로 망가져, 어디서부터 손을 대야
할지 모르겠다고 생각한다. 지금의 교육체제가 너무나 복잡하게 얽혀
있다고 생각한다. 실제로도 그렇다. 이 문제는 저 문제와 연결되어 있
고, 저 문제는 또 다른 어떤 문제들과 얽혀 있다. 이렇게 하면 이런
문제가 있고, 저렇게 하면 저런 문제가 있다.

사고 치는 학생을 엄격하게 처벌하려 하니, 규정이 제대로 정립되
어 있지 않다. 학교에서 가르치는 과목과 내용이 너무 많고 내용이
어려워 이를 축소하려 하니, 학생의 교양과 지식이 부족해질 것이라
는 우려가 생긴다. 배우는 과목은 골고루 다양하게 하되 수능 입시
과목을 줄이면 어떨까 생각하니, 학생들이 입시 과목만 공부할 뿐 다

른 과목은 전혀 공부하지 않을 것 같다. 다른 나라의 고등학교나 대학처럼 학생이 과목을 선택하여 공부하도록 하면 어떨까 생각해 보니, 고등학교의 체제와 시설을 모두 바꿔야 할 것 같다.

이런저런 생각을 해보는데 쉽게 답이 나오지 않는다. 그런데 평범한 시민에게는 이런 제도와 정책을 바꿀 아무런 힘도 없는 것 같다. 그러니 이런 고민을 하고 있을 이유가 없다. 이런 고민은 정치인, 학자, 교육 관료, 선생님에게 맡기고 자신의 자녀나 잘 키우자는 생각으로 전환한다.

그렇지만 자녀의 교육문제에 이르러서도 별 방법이 없음을 알게 된다. 교육에 대한 경쟁이 치열한 이 사회에서 내 아이를 달리 키울 뾰족한 방안을 찾기 어렵다. 그러니 대체로 자포자기하고 자녀를 이 체제에 순응시키게 된다. 정녕, 성에 차지 않으면 대안학교를 찾아보거나, 아예 다른 나라의 학교를 알아볼 뿐이다.

하지만 포기하면 안 된다. 우리나라 교육의 문제를 지적하고 개선을 요구할 사람은 시민밖에 없다. 시민이 나서야 학교가 바뀐다. 대한민국 교육을 혁신할 수 있다. 해야 할 일은 다음과 같다. 먼저, 우리 교육이 왜 보통 시민의 평범한 욕구를 충족시키고 있지 못한지 그 이유를 알아야 한다. 그리고 우리가 지향해야 할 교육의 이상을 확고히 해야 한다. 마지막으로, 대안을 제시해야 한다. 가능하면 종합적이고 장기적이면서도 구체적인 제안을 제시해야 한다.

여기, 나에게 우리 교육을 바꿀 종합적인 처방전이 있다. 그러니 이 처방전을 우선 살펴봐 주길 바란다. 그리고 검토하고 논의하여 더 좋은 방안을 만들어 내길 바란다. 내 제안의 모든 초점은 고등학교 교육에 맞춰져 있다. 그 이유는 고등학교가 우리나라 모든 교육문제의 응축지점이라고 보기 때문이다. 암기 위주, 입시 위주 공부라는 우리나라 교육의 문제점을 가장 잘 보여 주는 곳이자, 이 비정상적인 교육의 마지막 스퍼트 지점으로 보기 때문이다. 그래서 이곳을 바꾸면 초·중등은 물론이고 대학교육도 바뀔 수 있다고 보기 때문이다.

## □ 네 가지만 바꾸면 된다

고등학교 교육의 혁신을 위해, 나는 네 가지 제도의 개선이 절실하다고 본다. 첫째는 교육과정을 개선하여 수업시수를 대폭 줄이는 것이며, 둘째는 교내 시험을 바꾸어 해당 학급을 가르치는 선생님이 직접 출제하고 채점할 수 있게 하는 것이며, 셋째는 수능시험을 개선하여 국어·수학·영어 중 2개, 탐구과목 중 3개를 치르는 것이며, 넷째는 고등학교 유형을 단순화하여 일반고, 특목고, 특성화고만 남기는 것이다.

이 일은 모두 국가 수준 또는 적어도 시·도 교육청 수준에서 결정해야 하는 일이다. 그런데 이를 다수 시민이 요구한다면 국가나 교육청에서 하지 않을 수 없다. 대한민국이 이룩한 민주주의는 이를 외면하는 정부를 용인하지 않을 것이다.

PART 1에서는 교육혁신이 이루어진 이후의 모습을 보여 주고자 한다. 가상의 고등학교인 한올고의 2017년도 상황을 보여 주고, 이와 대비하여 현재 고등학교의 문제점과 이런 상황에 처하게 된 이유를 이야기하였다.

PART 2에서는 새로운 고등학교를 만들기 위한 실제적인 방안을 차례차례 제안하고자 한다. 크게는 네 가지이지만 전제가 되는 몇 가지를 분리해 여섯 개의 장으로 구성하였다.

PART 3에서는 선생님의 기를 살리고, 학생이 주도적으로 공부할 수 있도록 하는 후속 조치를 언급하고, 이 모든 혁신을 올해 출범하는 정부가 임기 내까지 이루기 위한 방안도 제시하였다.

## 대한민국 교육혁신 프로젝트!!
## "새로운 고등학교 만들기"

간단치 않지만 그렇게 어려운 일이 아니다. 아주 쉬운 일이 될 수도 있다. 먼저 할 일은 시민 대다수가 합의하는 방안을 만드는 것이다. 다음으로 할 일은 이 방안이 잘 실현되는지를 상시적으로 감시하는 것이다. 이처럼 시민이 혁신 방안을 만들고 두 눈 부릅뜨고 지켜보고 있으면, 엉터리 정치인, 관료들이 제멋대로 교육을 주무를 수 없다. 반대로, 이들은 교육개혁 작업에 착수할 수밖에 없다.

모쪼록 올해, 이 일이 시작되길 바란다. 부족하지만, 나의 제안이 밑거름이 되어 주면 좋겠다. 이를 기초로 시민 다수가 합의하는 교육혁신 방안이 만들어지길 기대한다. 그리고 그 혁신의 싹이 움터 나무가 되고 열매 맺길 희망한다. 새 정부의 임기 내인 2017년에 그 열매를 볼 수 있기를 바란다.

김철중

차 례

## 혁신은 이렇게 쉬울 수 있다

## Part 1    새로운 고등학교 vs 현재의 고등학교

## Part 2　　새로운 고등학교
　　　　　　　　　이렇게 만든다

## Part 3　　고등학교가 바뀌면
　　　　　　　　　　세상이 달라진다

# Part 1

## 새로운 고등학교 vs 현재의 고등학교

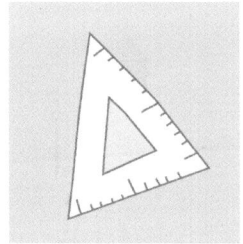

# Ⅰ. 새로운 고등학교, 한울고의 하루

## 1. 1학년 연우의 하루

2017년 4월, 한울고등학교 1학년 1반에 재학 중인 연우의 외형적인 생활은 2012년의 1학년 학생과 크게 다르지 않다. 연우는 8시까지 학교에 가야 하는데, 보통 7시 50분이면 교실에 도착한다. 대개, 담임선생님이 먼저 와 계시므로 인사를 드리며 교실로 들어간다. 선생님도 밝은 표정으로 맞이한다.

8시를 넘어 학급 등교시간에 지각한 학생은 학급이 정한 규칙에 따라 자율적인 벌칙이 내려진다. 앉았다 일어서기 50회, 팔굽혀 펴기 20회와 같은 것들인데 이처럼 가능하면 운동이 되는 벌칙을 수행한다. 하지만 늦는 학생은 거의 없다. 고등학교를 다니는 일이 과거와 달리 그렇게 힘들지 않고, 학생들 대다수가 스스로 만든 규칙을 지키는 것이 소중하다는 것을 잘 알고 있기 때문이다.

연우는 학교에 도착하면 친구들과 농담을 건네며 인사하고 즐겁게 이야기를 나눈다. 하지만 8시가 되면 자리에 앉아 마음을 가다듬는 책을 읽는 것으로 하루를 시작한다. 얼마 전부터는 청소년을 위한 □채근담□을 읽고 있다. "염려하고 부지런한 것은 아름다운 덕이지만, 너무 고뇌하면 본연의 심정을 즐겁게 할 수 없다"라는 29장의 글귀가 눈에 들어온다. 잠시 이 말의 의미를 생각해 본다.

8시 10분, 조례시간에 담임선생님은 곧 예정된 중간고사에 대해 안내하고 열심히 공부할 것을 당부한다. 지난 3월에 실시하여 얼마 전 결과가 나온 진로·적성검사 결과를 바탕으로 잡은 상담일정을 다시 확인하기도 한다. 개별적인 이야기가 필요한 학생과 복도에서 한참 이야기를 나누기도 한다. "즐겁게 공부하자!"는 구호를 함께 외치며 조회가 마무리되었다.

8시 30분, 1교시가 시작되었다. 그러나 연우는 수업이 없다. 월요일인 오늘, 연우의 수업은 모두 5시간이다. 2교시 미술, 3~4교시 공통수학, 7~8교시 공통사회가 그것이다. 수업이 없는 1교시에는 지정된 자습실로 가서 수학을 예습할 것이고, 공통수학 수업을 마친 후의 5교시에는 점심식사를 할 것이다. 6교시에는 도서관으로 가려 한다.

수업이 없는 시간은 자기 주도 학습시간으로 중요하게 취급된다. 이 시간에 어디서 무엇을 하느냐에 대한 결정은 즉흥적으로 이루어지지 않는다. 학교의 여건을 고려하여 학기별·분기별로 사전에 결정된다. 대체로 자습실, 도서관을 가는데, 특별히 체육관, 미술실, 음악실을 이용하는 학생들도 있다. 장소가 어떤 곳이거나 학생이 있는 공간에는 이를 지도하고 관리하는 선생님이나 관리자가 반드시 있다. 담임선생님의 우선적 관심도 이 시간에 해당 학급의 학생들이 무엇을 하는지에 초점이 맞추어진다. 고등학생의 학교생활은 이 시간을 어떻게 보내느냐에 따라 좌우된다고 믿기 때문이다.

이번 학기 연우가 듣는 과목은 모두 8과목이며 수업시간은 모두 25시간이다. 국어, 수학, 영어는 4단위씩 12시간을 듣고 있으며, 공통사회와 공통과학도 역시 4단위씩 8시간이다. 이들 과목은 블록타임제로 수업한다. 즉 2단위씩 묶어 수업한다. 따라서 일주일에 2번씩 들어 있다. 이 밖에도 미술 1시간, 음악 2시간, 창의적 체험활동 2시간이 있다.

월요일부터 금요일까지 하루 한 시간씩은 음악, 미술, 창의적 체험활동 중 하나가 들어 있다. 연우의 생각에는 매일 이런 과목이 있어서 학교생활이 더 부드럽고 즐거운 듯하다. 국어, 수학, 영어, 사회, 과학과 같은 주요 교과도 하루에 2개 과목만 수업하므로 부담이 크지 않다.

연우의 일주일 시간표는 다음과 같다.

<표 1-1> 1학년 연우의 시간표

| | 시간 | 월 | 화 | 수 | 목 | 금 |
|---|---|---|---|---|---|---|
| | 08:00~08:30 | 조례 | | | | |
| 1 | 08:30~09:20 | ☆ | 공통영어 I | 공통국어 I | 공통수학 I | ☆ |
| 2 | 09:30~10:20 | 미술 | 공통영어 I | 공통국어 I | 공통수학 I | ☆ |
| 3 | 10:30~11:20 | 공통수학 I | ☆ | 공통영어 I | ☆ | 공통과학 |
| 4 | 11:30~12:20 | 공통수학 I | | 공통영어 I | | 공통과학 |
| 5 | 12:30~13:20 | | 공통과학 | | 공통사회 | |
| 6 | 13:30~14:20 | ☆ | 공통과학 | ☆ | 공통사회 | 음악 |
| 7 | 14:30~15:20 | 공통사회 | ☆ | ☆ | ☆ | 공통국어 I |
| 8 | 15:30~16:20 | 공통사회 | 음악 | 창체 | 창체 | 공통국어 I |
| | | 종례 | | | | |
| 9 | 16:50~17:40 | | | | | 〈역사심화〉 |
| 10 | 17:50~18:40 | | | | | 〈역사심화〉 |

☆ 표시는 자습시간이다.

과거에 비해, 수업은 줄었지만 공부할 것은 많아졌다. 선생님이 일방적으로 강의하는 수업보다 학생 간의 모둠학습, 토의, 발표와 경청 등 활동이 많기 때문이다. 선생님들도 학급의 학생이 많지 않아서 그런지 학생 하나하나에 관심을 두면서 지도한다. 학생들도 과거처럼 과제가 없기를 기대한다거나 과제가 있어도 하지 않고 버틸 수 없게 되었다. 수업시간에 엎드려 자거나 떠드는 것은 꿈도 꿀 수 없다. 정성껏 보살핌을 받고 있다는 느낌에 제멋대로 행동할 수 없다.

연우는 수업시간마다 교실, 자습실, 도서관을 찾아 이동한다. 학교가 교과교실제로 운영되고 있기 때문이다. 하지만 크게 불편하지 않다. 이미 중학교 때부터 익숙해져 있고, 2시간 연속 수업이 대부분이므로 하루에 2~3교실만 이동하면 되기 때문이다.

점심시간은 따로 있지 않다. 학교에서는 4교시와 5교시 중 한 시간을 비워 학생의 식사시간으로 배정했다. 연우는 월, 수, 금은 5교시, 화, 목은 4교시가 점심시간이다.

수요일과 목요일 8교시에 있는 창의적 체험활동 시간에 연우는 동아리 활동을 하고 있다. 연우는 '국제신문반'에 가입해 활동 중인데, 이 시간은 공식적인 동아리 활동시간이다. 이 시간에는 국제적 이슈를 주제로 토론하거나 일부는 신문 제작을 의논한다. 취재를 준비하기 위해 방과 후에 비공식적 활동을 하는 경우도 종종 있다.

학생이 학교에 의무적으로 있어야 하는 시간은 8교시가 끝나는 4시 20분까지이다. 이 시간 이후가 되어야 하교가 가능하다. 수업이 6교시에 종료된 학생도 자습실, 도서관 등에서 더 공부한 후 하교한다. 연우의 담임선생님은 반드시 종례를 하시는 편이다.

연우의 학교에서는 9교시와 10교시에 '방과후학교'를 운영한다. 이 시간은 창의적 체험활동의 연장선에서 자유롭게 동아리 활동을 하거나 취미활동을 할 수 있다. 또한, 원하는 분야의 보충학습이나 심화학습도 가능하다. 이미 많은 학생들이 하교한 후라서 학교 공간에 여유가 있다. 따라서 정규 수업시간보다 훨씬 자유롭고 여유로운 활동이 가능하다. 연우는 금요일에 '역사심화' 심화수업에 참여하고 있다.

학교를 마치고 집으로 돌아온 연우는 예전의 학생들처럼 또다시 학원에 가지 않는다. 대신 친구를 사귀고 체력도 기를 겸 해서 매일 한 시간씩 운동을 한다. 다른 학급은 대부분 체육시간이 있지만, 이번 학기 연우의 학급은 그렇지 않아 운동할 시간을 방과 후에 만들었다. 다른 날은 혼자 연습하고 화요일과 목요일은 구청 청소년수련관에서 운영하는 '구기 운동 첫걸음'에 강좌에 간다. 현재는 종합프로그램으로 기초체력을 다지는 데 집중하고 있는데, 이후에는 다양한 구기운동을 배울 수 있을 것이다.

가족들과 저녁식사를 마친 후, 9시부터 11시까지 2시간 동안은 집에서 집중적으로 공부한다. 학교에서도 자습시간이 있지만, 연우는 집에서 공부하는 이 시간을 열심히 지키려고 한다. 밤시간에 혼자서 공부하면 집중이 잘돼서 그런지 학교에서는 이해하지 못했던 내용들이 정리되는 느낌이다.

연우의 학교에서는 교육과정 외로 개별 또는 공동 프로젝트를 졸업할 때까지 몇 개 정도는 하라고 권장한다. 자기 주도 학습, 협동학습으로서 교육적 가치가 있고 그 성과를 대학입시에도 사용할 수 있다는 이유에서이다. 실제로, 대학입시에서 자기 주도 학습과정과 프로젝트 성과물을 중시하는 대학들이 많아졌다. 1학년인 연우는 이번 학기 담임선생님이자 사회선생님인 조동수 선생님이 내준 과제를 시범 삼아 프로젝트로 발전시켜 볼까 생각 중이다. 선배들이 한 프로젝트를 살펴보기도 하고 친구들과도 이에 대한 이야기를 많이 하고 있다.

고등학교에 와서는 스스로 공부할 수 있어야 한다는 말에 더욱 공감하게 되었다. 선생님들도 스스로 공부해야 앞으로도 더 공부를 잘할 수 있고, 대학 진학에도 유리할 것이라고 말씀하신다. 연우는 이제 공부의 맛을 조금 알게 된 것 같다. 학교에서 배우는 내용 중 관심 있는 주제를 열심히 찾아보고 스스로 탐구하다 보니 느낌이 왔다. 공부의 맛을 느낄 수 있게 되었다.

## 2. 조동수 선생님의 하루

한울고등학교 1학년 1반 담임으로 공통사회를 가르치고 있는 조동수 선생님의 하루는 예전과 마찬가지로 아침 일찍 시작된다. 6시에 일어나 6시 40분에 집을 나서 7시 30분에는 학교에 도착한다. 자신의 교과교실이면서 1반 교실이기도 한 교실에서 이것저것 준비하며 아침시간을 보낸다.

7시 40분이 넘으면 학생들이 하나둘씩 교실로 들어온다. 선생님은 아이들을 반갑게 맞이한다. 8시를 넘어 교실에 도착한 학생은 학급지각이다. 운동이 되는 벌칙을 수행하는 것을 지켜보며, 일찍 등교할 것을 당부한다. 학생들이 모두 자리에 앉아 하루를 준비하고 있으면 8시 10분부터 조례시간을 갖는다.

이 시간에 조동수 선생님은 학생들을 한 명 한 명 다시 살피며, 가능하면 모두에게 말을 붙인다. 학생 수가 많지 않아 이 일은 어렵지 않다. 학생들도 스스럼없이 말하지만, 선생님의 말, 친구의 말은 경청한다. 유머가 많은 선생님의 농담에 학생들의 웃음보가 터지기도 한다. 중요한 알림사항을 전달하고, 학생의 수업시간과 수업이 없는 시간에 할 일을 점검하는 일도 빼놓지 않는다.

과거의 조례는 교사가 어떤 것을 지시하거나 알려 주는 것이 주된 일이었다면, 지금은 교사 그리고 학생들 간에 인간적 소통이 우선되고 있다. 선생님은 이 시간 덕택에 담임을 맡고 있는 모든 학생들의 속사정과 하루의 소상한 일과를 잘 알고 있다. 오늘도 "즐겁게 공부하자!"라는 학급구호로 조회를 마무리했다.

그가 담당하고 있는 수업시간은 주당 16시간이다. 하루에 4시간 수업하는 날이 3일이고 이틀은 2시간이다. 2시간 수업이 있는 화요일과 금요일에는 협의회가 있다. 화요일에는 같은 사회교과를 담당하는 선생님들과 교과연구협의회, 금요일에는 같은 1학년 담임을 맡고 있는 선생님들과 담임교사협의회가 있다. 그는 이번 학기엔 1학년 수업만 담당하고 있다.

교과교실제를 실시하므로 그는 자신의 학급 교실이기도 한 1학년 1반 교실에서 수업한다. 1반에서 4반까지의 학생 20명씩 모두 80명이 이번 학기에 그가 담당하는 학생들이다. 담당 학생이 이 정도밖에 되지 않기 때문에 그는 담임학급인 1반은 물론이고, 2반, 3반, 4반의 모든 학생들도 잘 알고 있다. 일주일에 2회 2시간씩 얼굴을 보는데다 학생 중심의 수업을 진행하다 보니 학생과의 관계가 저절로 좋아졌다. 예전에 비해, 학교에서 따돌림이나 폭력사건이 눈에 띄게 줄어든 것도 이러한 변화 덕택이라고 그는 생각한다.

수업은 2시간씩 블록타임으로 운영된다. 한 번 수업을 하면 과거와 달리 2시간 분량을 준비해야 한다. 그래서 수업을 준비하는 데 예전보다 공을 많이 들인다. 이번 학기엔 강의, 토론, 발표를 포함하는 다양한 방식을 적용해서 수업한다. 수업의 주제와 방식에 적합한 교실 분위기를 만들기 위해 수시로 교실을 다시 꾸미는 일도 많이 늘었다.

조동수 선생님의 시간표는 다음과 같다.

<표 1-2> 조동수 선생님의 시간표

|  | 시간 | 월 | 화 | 수 | 목 | 금 |
|---|---|---|---|---|---|---|
|  |  | 조례 |  |  |  |  |
| 1 | 08:30~09:20 |  | 공사(1-3) |  | 공사(1-2) |  |
| 2 | 09:30~10:20 |  | 공사(1-3) |  | 공사(1-2) |  |
| 3 | 10:30~11:20 | 공사(1-2) |  | 공사(1-4) |  | 공사(1-4) |
| 4 | 11:30~12:20 | 공사(1-2) |  | 공사(1-4) |  | 공사(1-4) |
| 5 | 12:30~13:20 |  |  |  | 공사(1-3) |  |
| 6 | 13:30~14:20 |  | 〈교과협의〉 |  | 공사(1-3) | 〈담임협의〉 |
| 7 | 14:30~15:20 | 공사(1-1) |  | 공사(1-1) |  |  |
| 8 | 15:30~16:20 | 공사(1-1) |  | 공사(1-1) |  |  |
|  |  | 종례 |  |  |  |  |
| 9 | 16:50~17:40 |  |  |  |  |  |
| 10 | 17:50~18:40 |  |  |  |  |  |

올해, 그가 담당하는 1학년 과목인 '공통사회'는 주당 4단위로 수업한다. 그가 근무하는 한울고 1학년 과목에는 4단위 과목이 많다. 그런데 2학년과 3학년 과목은 기본적으로 3단위이며, 어떤 과목은 5단위로 운영한다. 덕분에 학교 전체의 시간표를 작성하고 운영하는 데 융통성이 크다.

과거 선생님들의 주된 불만요인이었던 잡무는 대폭 줄었다. 많은 일이 행정실 직원과 외부에서 들어온 상담사, 복지사, 행정사, 학교지킴이와 같은 관련 분야 전문가들에게 돌아갔다. 또한 선생님 가운데에는 수업은 적게 하면서 업무를 많이 하는 업무 전담 교사도 생겼다. 이들 덕에 대부분의 선생님은 수업과 담임업무에 집중할 수 있게 되었다.

새로운 체제의 학교에서 조동수 선생님이 가장 보람을 느끼며 즐겹게 하는 일은 수업이다. 과거에 비해 적은 수의 학생을 대상으로 수업하므로, 모든 학생이 눈에 들어온다. 학생들이 수업시간에 딴짓을 하지 못하도록 주의를 주는 것도 용이하다. 다양한 수업방식을 적용하기에도 좋다. 학교에서도 과거와 같은 일제식 강의보다는 학생의 학습의욕을 고취시켜 주는 데 도움이 되는 방식의 수업을 권장한다.

지금, 조동수 선생님은 중간고사 이후인 5월에 예정된 학생들의 모둠 발표를 논의하는 수업을 하고 있다. 20명의 학생을 4~5개 모둠으로 나누어 어떤 주제를 탐구하고 정리하여 발표하는 방식이다. 선생님이 수업하고 있는 '공통사회'는 역사, 사회, 도덕, 지리 영역을 통합해서 가르치는 과목이다. 따라서 이번 모둠 발표도 학생들의 관심에 따라 사회현상 중 적절한 주제를 스스로 선정하고 다양한 방식으로 발표할 수 있게 했다.

학생들은 '조선시대의 출산장려정책', '걸 그룹 아이돌의 선정성 논란', '성인(聖人)들의 다과회', '성형 수술의 명암', '아프리카 어린이의 기아 극복을 위해 할 일', 'FTA와 정의로운 분배'처럼 천차만별한 사회적 주제를 다루려고 한다.

선생님은 각 모둠의 준비과정을 도와주면서 학생들이 관심 분야를 깊고 넓게 공부하도록 도왔다. 이미 3월부터 학생들과 이 과정을 함께 해 왔으므로 이제 학생들은 자료를 정리하고 발표를 잘 하기 위한 방법을 의논하고 있다. 연극, 개그, 시사토론, 오디션 등 방식으로 발표하겠다는 모둠이 많다. 학생들이 톡톡 튀는 아이디어를 내고 있어, 발표 수업은 재미있는 시간이 될 것 같다. 그도 내심 이 수업을 진행할 날을 기다리고 있다.

담임업무도 중요하게 생각한다. 조례와 종례는 반드시 한다. 과거에 비해 자유로운 시간이 증가했는데, 이 분위기에서 혹시라도 학생들이 방종한 생활을 하지 않도록 경계하고 있다. 학생들 대부분은 정서가 안정되고 즐겁게 생활하지만, 그래도 문제를 일으키는 학생이 가끔은 있다. 선생님은 이런 학생을 불러 별도 상담을 하거나 전문 상담을 의뢰하기도 한다. 규칙을 어기는 학생에 대해서는 엄격한 편이다. 특히, 자신과의 약속이나 자치적으로 정한 학급규칙을 어긴 학생에게는 크게 야단을 치거나 벌을 주기도 한다. 그는 아직 미성년자인 고등학생에게는 때로는 엄격함이 필요하다고 믿고 있다.

학교 차원에서도 심하게 교칙을 어긴 학생에 대해서는 정학이나 퇴학과 같은 강한 처벌을 내릴 수 있음을 경고한다. 물론, 많은 선생님들은 이런 일이 일어나기 전에 교육적으로 문제를 해결하려 한다. 학생들도 학교와 선생님들이 기본적으로는 인간적이지만, 잘못에 대해서는 엄격하다는 것을 잘 알고 있다. 이런 분위기 덕분인지 한울고는 학생들이 열심히 공부하고, 생활지도에 있어 큰 문제가 발생하지 않는 좋은 학교로 인정받고 있다.

## 3. 학생 수 1,080명, 교사 수 79명, 학급 수 54개의 일반계고

한울고는 남녀공학이고 2017년 현재, 전체 학생의 수는 1,080명이다. 각 학년당 약 360명의 학생이 있으며, 학급당 학생 수는 20명 내외이다. 1, 2, 3학년 모두 18학급으로 전체 54학급이 편성되어 있다. 교장을 제외하고 수업을 담당하는 선생님은 모두 79명이 있다.[1]

이를 2012년과 비교해 보면, 학생 수와 학급당 학생 수는 감소하고, 학급 수와 교사 수는 증가한 것이다. 당시의 학생 수는 모두 1,260명이었으며 학급당 학생 수는 35명을 기준으로 했다. 학급 수는 36개가 있었으며 교사는 모두 71명이 있었다.

한울고의 2012년과 2017년 현황을 비교한 표는 다음과 같다.

〈표 1-3〉 한울고등학교 현황 비교(2012년 vs. 2017년)

| 연도 | 학생 수 | 학급당 학생 수 | 학급 수 | 교사 수 |
|------|---------|----------------|---------|---------|
| 2012 | 1,260 | 35 | 36 | 71 |
| 2017 | 1,080 | 20 | 54 | 79 |

전체 교사 79명 중 54명은 담임교사이다. 이 학교에서 담임업무는 여전히 1년 단위이다. 그런데 여기에는 많은 논의가 있었다. 1학년 때 정한 담임교사가 3년 동안 계속 맡는 방식, 매 학기 담임을 변경하는 방식, 기존처럼 1년간 담임을 맡는 방식 3가지 방안을 놓고 장단점을 수차례 따져 보았다. 그러나 학생들이 다양한 담임선생님을 경험하되 일관성 있는 지도가 가능하며, 교사와 학생 모두에게 익숙한 1년 담임제가 낫다는 입장이 우세하여 지금처럼 운영하기로 했다.

한울고에는 수업을 담당하는 교사들뿐 아니라, 학생의 보건, 심리

---

1) 여기 제시된 가상의 새로운 학교인 한울고의 상황은 좋은 교육을 하기에는 사실 규모가 크다. 교사와 학생의 수가 절반 정도이면 좋겠다. 하지만 이렇게 하려면 새로 지어야 할 학교가 너무 많아진다. 국가 재정 부담이 너무 커진다. 따라서 여기서는 현재의 고등학교 수를 대체로 유지하는 것으로 가정했다. 학생 수의 감소는 인구감소 비율을 반영하였다. 통계청 자료로 계산한 바에 따르면, 2017년 만 15~17세 인구는 2012년 대비 약 15% 이상 감소한다.

와 적성, 학습, 진로와 직업을 상담하고 안내해 주는 전문가들이 학교 운영을 돕고 있다. 사서, 영양사, 인턴교사, 사회복지사, 방과후학교 강사, 자원봉사자를 비롯해 사회적 기업에서 일하시는 분들도 있다. 이런 분들이 있어서 학교는 더 이상 고립된 섬으로 비유되지 않게 되었다.

학급 편성은 계열에 따라 이루어진다. 학생의 선택권은 존중되지만 낱개 과목보다는 진로에 따라 묶인 몇 개의 계열 가운데 하나를 선택하는 방식이다. 계열은 과거의 인문계, 이공계보다는 세분화되었다. 일반계열로 어문계, 법정·경제계, 자연계, 공학계열, 통섭계열이 있고, 특화계열로 미술·디자인계열이 있다. 1학년은 공통과목 위주로 수업하므로 계열이 없으며, 2학년 진학 시 계열을 정한다.

특화계열은 학교별로 특성화된 계열을 교육청이 인정하여 운영하는 것이다. 한울고의 특화계열인 미술·디자인계열도 서울시 교육청의 인증을 받았다. 이 계열은 다른 일반 계열에 비해 재정지원을 더 많이 받기 때문에 다른 과정보다도 우수한 양질의 교육을 수행할 수 있다. 이 지원비용으로 경비 부담에서 자유롭게 전문강사를 초빙하기도 하고 전문프로그램을 진행하기도 한다.

한울고의 주당 전체 수업시수를 계산해 보면 1,260시간이고 선생님은 평균 주당 15.95시간의 수업을 한다. 이 전체 수업시수는 학년당 학급 수에 학급의 주당 수업시간인 1학년 25시간, 2학년 25시간, 3학년 20시간을 곱하고 합산하여 얻은 것이다. 즉, 이 학교의 학년별 학급 수는 모두 18개로 동일하므로 '18학급×25시간＋18학급×25시간＋18학급×20시간'을 계산하면 이 시간이 나온다. 이를 선생님 수인 79로 나누면 교사 1인당 주당 평균 수업시수가 나오는 것이다.[2]

한울고는 교과교실제로 운영되므로 선생님마다 교실을 배정한다. 그런데 2명의 교사가 하나의 교실을 함께 사용하는 경우도 있다. 교실이 충분하지 못해 79명의 교사 모두에게 하나씩 배정하기는 어렵기 때문이다. 그래도 한 교실에서 일주일간 이루어질 수 있는 총 수업시수는 40시간인 데 비해 두 선생님의 수업시수를 합해도 이 시간보다 적어서 그나마 이런 방식이 가능했다.

54개의 학급 교실을 모두 마련하는 일도 쉽지 않았다. 이를 위해 한울고는 기존의 과학실, 음악실, 미술실, 가사실습실 등 특별교실을 포함해 모든 가능한 공간을 활용하였다. 과거에는 선생님이 교무실에 모여 있었지만, 이제는 학급 교실 겸 교과교실에 자리가 있다. 큰 교무실은 사라졌다. 대신 선생님들 몇몇이 모여서 일할 수 있는 공동연구실과 회의실이 만들어졌다.

시설적인 면에 볼 때, 한울고의 운영을 가능하게 하는 주요한 시설은 도서관, 자습실, 식당이다. 1, 2학년 학생을 기준으로 보면, 하루 8시간의 시간 중 5시간은 수업, 2시간은 자습, 1시간은 점심시간이다. 따라서 자습과 점심식사를 할 큰 공간으로서 도서관, 자습실, 식당이 필요했다. 이를 조성하기 위한 공사가 2013년부터 시작되었고 마침내 지난해에 모두 마무리되었다.

이 중에서도 본관과 별관 사이에 새로 지은 도서관은 매우 중요한 시설이다. 읽을 책이 풍부하며 좌석도 충분하다. 컴퓨터를 활용하여

---

2) 이를 2012년과 비교해 보자. 2012년의 총 수업시수도 위와 같은 방식으로 하면 나온다. 1, 2, 3학년 모두 12학급이고 모두 34시간을 수업했다. 이를 계산하면 1,224시간이다. 교사 1인당 주당 수업시수도 당시 선생님의 총수인 71로 나누면 되는데, 이 값은 17.24이다. 결국, 2017년 한울고의 교사는 2012년에 비해 평균 1.29시간 정도 적은 수업을 하는 셈이다.

작업하는 공간도 있으며, 카페와 음악 감상실도 있다. 공부하는 공간이자 휴식을 취하는 공간인 셈이다. 학생과 학생, 학생과 교사, 교사와 교사가 서로 소통하는 공간이기도 하다.

그러므로 이곳은 이른 아침부터 방과 후까지 자료를 찾고 공부하는 학생, 수업을 준비하고 연구하는 선생님들로 항상 붐빈다. 도서관을 관리하는 선생님과 전문가, 자원봉사 학생들은 도서관을 깨끗이 유지하기 위해 노력한다. 매 시간 들어오고 나가는 학생이 질서 있게 교체될 수 있도록 최선을 다한다. 한울고에서는 교실 수업도 그렇지만, 도서관에서의 자기 주도 학습을 매우 중요하게 여긴다. 스스로 공부할 수 있는 것 자체가 고등학생의 목표라고 본다. 새로운 고등학교, 한울고에서 도서관은 심장과도 같다.

## II. 현재의 고등학교, 누구에게나 불만 덩어리

새로운 학교인 한울고와 달리 지금의 고등학교 상황은 어떠한가? 한마디로 최악이다. 한쪽에서는 경쟁적인 입시교육이 극에 달하고 있고, 다른 쪽에서는 무기력하고 답답한 죽은 교육이 이루어진다. 학생, 학부모, 교사 그 누구도 만족할 수 없는 곳, 모두에게 불만 덩어리인 곳이 지금의 고등학교이다.

학부모는 고등학교가 학생을 제대로 공부시키지도 못할 뿐 아니라 학생의 흡연, 따돌림, 폭력 등과 같은 인성적인 문제에도 손을 놓고 있다고 불만이다. 학생은 학교에 다니는 것 자체가 너무나 힘들다. 교실과 학교라는 폐쇄적 공간에 하루 종일 갇혀 있다. 하고 싶은 것은 많지만 학교에서는 정해진 공부만 강요한다. 교사들도 괴롭다. 너무나도 달라진 아이들, 변덕스런 교육정책으로 인해 무엇을 해야 할지 모르겠다. 그런데도 모든 교육의 문제에 대한 책임이 교사에게 있다며 여기저기서 비난받는다.

### 1. 학부모는 학교가 교육적 기능을 하지 못한다고 생각한다

평범한 시민 또는 학부모로서 우리는 아이들에게서 희망을 찾고 싶다. 현재 내가 하는 일이 아무리 힘들어도 나의 아이가 열심히 공부하는 모습만 봐도 힘이 난다. 아이가 즐겁게 학교에 다니면서 꿈을 이루어 가는 모습을 본다면 기꺼이 현재의 피로감을 견뎌 낼 것 같다. 먹고살기 위해 참아야만 하는 여러 가지 속상한 일들도 감내할 수 있을 것 같다.

하지만 현실 속 나의 아이는 그렇지 않다. 아이는 스스로 공부할 줄 모른다. 학교는 오가는데 공부는 열심히 하지 않고, 성적은 늘 그대로이거나 떨어질 뿐이다. 별 수 없이 학원, 과외와 같은 사교육에 의존해 본다. 그래도 아이는 겨우 숙제만 하는 둥 마는 둥이다. 사교육의 효과가 의심스럽다. 자기 주도 학습이 좋다는데, 비용도 너무 크니 사교육을 끊고 싶다. 하지만 '성적이 더 떨어지면 어쩌나?' 하는 불안감으로 막상 그렇게 하지 못한다.

아이에게 더 열심히 공부하라고 틈만 나면 이야기하고 야단도 치고 싶다. 하지만 참는다. 억지로 공부를 시킨다고 하는 것도 아니고, 강압적으로 대하자니 아이의 반발심만 더 커질 것 같기 때문이다. 이래저래 스트레스만 쌓인다. 이 아이를 어떻게 대학에 보낼 것인지, 대학을 나온다 해도 어디에 취업할 수나 있을지 걱정이 태산이다.

학부모로서는 학교가 불만족스러울 수밖에 없다. '도대체 학교는 무엇을 하는 곳인가?' '선생님들은 무엇을 가르치고 있는가?' '왜 우리 아이를 이렇게 만들어 놓았는가?' 부모로서 무엇을 어떻게 해야 할지 모르겠다는 답답함과 함께 학교와 교사에 대한 불만이 끓어오른다.

□ 학교는 무엇을 잘 가르쳐 주는 곳이 아니다

학부모들이 학교에 대해 갖는 불만은 사실은 초등학교에서부터 비롯된 것이다. 부모라면 자녀가 초등학교에 입학할 때의 감격을 잊지 못할 것이다. 초등학교를 들어가기 전에는 부모와 떨어지기 싫어하는 아이를 어르고 달래서 어린이집이나 유치원에 보냈을 것이다. 이렇던 아이가 어느새 초등학생이 된다 하니 가슴이 벅차다. 아이도 학교에 가는 것을 무척이나 자랑스러워하고 즐거워한다. 가방을 메고 초등학교를 다니는 자녀의 모습을 생각하면 부모의 마음도 들뜬다.

하지만 기대는 바로 걱정으로 바뀐다. 초등학교는 어린이집, 유치원에 비해 일찍 끝나는데, 점심은 어디에서 먹여야 하며 오후에는 어디에 맡겨야 할지 고민이다. 특히, 맞벌이로 집에 아무도 없는 가정의 경우엔 발등의 불이다. 집에 엄마나 할아버지, 할머니 등 가족이 있어도 사정은 크게 다르지 않다. 초등학생이 된 아이를 집에만 놔 둘 수는 없다. 할아버지, 할머니께 맡길 수만도 없다. 다른 아이들은 여기저기서 무언가를 더 배운다니 불안하다.

다행히 아이를 받아 주는 곳은 많다. 초등학교에서는 방과후학교를 운영한다고 하고, 학교 입학 전에 다니던 유치원에서도 아이를 얼마간은 맡아 줄 수 있다고 한다. 학교 앞의 태권도장이나 영어학원에서도 프로그램이 있다고 한다. 가까운 교회나 주민센터에도 저학년을 대상으로 하는 프로그램이 있다.

학부모는 거리나 경제적 비용 등을 고려해서 무언가를 더 배울 수 있도록 해 준다. 무엇보다, 아이가 학교를 마치고 허둥대지 않고 안정적으로 갈 수 있는 곳을 선택한다. 어린아이들이 위험에 노출되는 것이 가장 큰 문제이기 때문이다. 아이도 즐거워하고 의미 있는 활동을 할 수 있는 곳이면 더욱 좋다.

학교가 아이를 전적으로 책임져 줄 수 없다는 것은 부모도 잘 안다. 초등학교 교실에 30~40명의 아이를 모아 놓고 하루 종일 학교에서 책임지고, 가르치고, 돌봐 달라고 요구하는 것은 무리라는 것을 안다. 그러므로 이때부터 일부 학부모들은 생각한다. '학교에 많은 것을 기대할 수는 없다. 결국, 내 아이는 내가 키워야 한다.'

실제로 이런 생각이 맞을지 모른다. 학교는 무엇을 잘 가르쳐 주는 곳이 아니다. 이와 달리, 지금의 학교는 진도를 나가는 곳이고 시험을 치르는 곳일 뿐이다. 그래서 어떤 아이가 공부를 잘하고 못하는지를 지속적으로 알려 주는 곳이다. 그래도 처음에는 많은 학부모들이 학교에 기대를 건다. 하지만 학교가 무엇을 잘 가르쳐 주는 곳이 아니라는 점을 깨닫게 된다. 아이가 중학교나 고등학교에 다닐 때가 되면 이는 확연해진다.

중학생이 되면 아이들의 성적은 백분위 또는 9등급으로 분류된 등급표에 의해 나뉜다. 학생이나 부모가 요구하면 교사는 전교 석차도 알려 준다. 그런데 중학생이 된 아이 가운데에는 이미 특목고나 자사고를 목표로 충분히 선행학습을 해온 아이들이 있다. 이들은 영어나 수학과 같은 주요 과목에서 이미 중학교 과정을 넘어서 있다. 학교가 아닌 학원과 과외로 공부했기 때문이다. 이들이 경쟁적인 학교 시험에서 상위권을 차지하는 것은 당연하다.

그렇지 못한 다수의 아이들은 이들의 들러리로 전락한다. 선생님들은 수업할 때는 쉬운 내용을 재미있게 가르치기도 하지만 시험문제를 낼 때는 달라진다. 우수한 학생들을 분류하여 등급을 나누어야 하는 현실적 필요에 의해, 시험문제를 어렵게 출제한다. 이런 문제를 풀지 못하는 학생은 뒤처지게 되어 있다. 부모는 뒤늦게 아이를 공부시키지만, 이미 청소년으로 자란 아이는 부모의 요구에 반발만 한다. 게다가 중학생이 배우는 교과의 내용은 정말 어려워서 부모로서는 나설 방법이 없다.

분명, 지금의 학교는 공부 못하는 학생을 잘하게 해 주기 어렵다. 물론, 학교는 학생이 공부하는 곳이고, 선생님은 해당 교과를 열심히 가르친다. 그러나 개별 학생의 입장에서 보면, 그 어느 것도 잘 배울 수 없다. 선생님은 진도 나가기에 바쁘고, 친절하게 하나하나 가르쳐 주지는 않는다. 또한, 학생이 배우고 싶어 하는 과목은 별로 없고, 억지로 해야 하는 과목들만 있다.

지금의 학교는 무엇인가를 가르치고는 있지만 정성껏 잘 가르치지는 못한다. 따라서 학생들도 무엇을 잘 배우기가 어렵다. 안타깝지만 대부분의 학교는 그런 체제를 갖추고 있지 못하다. 비유하자면, 백화점처럼 화려한 상품을 많이 전시해 놓았지만 서민으로서는 쉽게 살 수 없는 것들이 가득하다. 돈 많은 부자 부모를 둔 학생, 능력이 뛰어난 학생은 어떤지 모르겠으나, 평범한 서민의 자녀와 학생에게는 눈요깃거리에 불과하다.

## □ 학교는 나쁜 친구를 사귀는 곳이다

아이가 공부를 하지 않고 딴짓이나 나쁜 짓을 하는 경우, 부모들은 생각한다. '우리 아이가 이런 나쁜 짓을 어디서 배웠을까?' '학교에서 친구들을 잘못 사귄 것 아닐까?' 일리가 있는 생각이다. 나쁜 친구를 사귀는 곳이 주로 학교이다.

아이가 친구를 사귀는 주된 장소는 학교이다. 좋은 친구도 사귈 수 있지만, 나쁜 친구를 사귈 수도 있다. 지금의 학교는 같은 나이 또래가 한 반, 한 학년을 이룬다. 아이가 학교에서 가르치는 공부가 힘들고 어려워도 학교에 다니는 이유는 이 또래 친구들 덕택일 수도 있다.

같은 연령대의 아이들은 통하는 것이 많다. 이야기할 것도 많다. 학교에는 수업시간 외에도 쉬는 시간, 점심시간이 있고, 소풍이나 수학여행과 같은 행사도 많다.

학교에는 공부하는 애들도 있고 착한 애들도 있다. 그런데 소위 노는 아이들도 섞여 있다. 학교는, 이 노는 아이들을 사귀기에 아주 좋다. 공부하는 애들은 공부하느라 바빠 친구를 사귈 시간도 별로 없다. 착한 애들은 얌전히 지낸다. 하지만 노는 아이들은 여러 기회를 이용해 서로를 닮아 가고 변해 간다. 어른들이 하지 못하게 하는 여러 일탈 행동들을 하면서 공감대를 넓혀 간다. 공부하는 애나 착한 애도 이런 아이들과 어울려 놀다 보면 어느새 노는 애가 된다. 욕을 배우고, 술과 담배를 배운다. 거짓말을 배우고 폭력도 배운다.

이 시기의 아이들은 좋은 친구와 나쁜 친구를 구분한다거나, 어른처럼 내게 이익이 되거나 되지 않을 친구를 잘 구분하지 못한다. 좋고 나쁨, 옳고 그름에 대한 판단기준도 분명치 않다. 그러므로 처음에는 대체로 자기와 말이 통하거나, 같이 놀 수 있는 친구를 사귄다. 하지만 이런 친구와 놀다 보면 공부와 멀어지고, 서로의 속사정을 이야기하면서 의기가 투합되면 조금씩 나쁜 짓도 함께 하게 되는 것이다.

청소년기에는 친구가 가족보다 중요하다. 가족 행사에는 빠져도 친구를 만나는 일은 꼭 챙긴다. 공부한다고 독서실과 학원을 다닌다고 하지만, 실은 부모 몰래 친구들과 어울려 놀려고 하는 경우가 많다.

지금의 학교는 이처럼 노는 아이들, 문제아로 분류되는 학생들이 서로를 만나는 교류의 장이 되고는 있지만, 이들을 순화하는 프로그램은 별로 없다. 이들을 제어할 힘과 권위도 많이 상실했다. 그러니

기껏해야 이런 아이들을 분류하고 문제 학생으로 낙인찍는 일밖에 하지 못한다. 하지만 제대로 된 처벌 규정도 없으니, 온정적으로 학생을 대할 뿐이다.

학생들은 스스로를 통제할 힘과 능력도 없이 학년이 올라가고 졸업하여 중학교, 고등학교, 대학과 사회로 진출한다. 학교의 어느 단계에서도 책임 있는 교육이 이루어지지 않는다. 계속적으로 책임이 미루어질 뿐이다.

## □ 학교는 친절한 안내도 해 주지 않는다

학부모는 학교와 학원을 비교하게 된다. 그런데 학교는 학원에 비해 확실히 친절하지 않다. 오히려 권위적이기까지 하다. 학원에서는 진학 정보도 자세히 알려 주고, 아이의 출결과 학습상황도 체크해 주는데 학교는 그렇지 않다. 교사에 대해서도 잘 모르겠다. 담임선생님이 어떤 사람인지는 조금 알겠지만 수업에 들어오는 선생님들이 어떠한지는 전혀 모르겠다.

최근에는 학교에서도 학교의 주요 일정을 잘 알려 준다. 핸드폰 문자서비스도 있고, 학생들이 가져오는 누런 시험지의 가정통신문도 있다. 하지만 관심 있게 볼 만한 것은 많지 않다.

학부모가 참석하는 학부모 회의나 학부모를 위한 수업 공개도 있기는 하다. 학부모 회의는 1년 또는 한 학기에 한 번은 있다. 여기서 학교의 전체 운영체제나 방향, 진학 실적, 학생 생활지도에 관한 내용을 개괄적으로 안내해 준다고는 한다. 하지만 실제 도움 되는 정보는 많지 않다. 담임선생님과 5~10분 정도 상담을 할 수도 있지만, 자기 아이의 현재 성적이 어떻다는 정도의 이야기를 들을 뿐이다. 수업 공개를 적극적으로 하는 학교도 많지 않다. 학부모로서도 수업 공개가 달갑지 않다. 학생이 모두 앉기에도 좁은 교실의 뒷자리에서 수업을 지켜보면서 무엇을 하라는 것인가?

반대로, 학교에서는 학부모에게 여러 가지 요구를 한다. 아이들 교통지도를 돕는 녹색 어머니회부터, 급식 식재료를 점검하는 활동, 시험 감독, 기타 각종 학부모회 활동 등 여러 가지 부담스런 일에 참여해 달라고 요구한다. 내 아이에게 도움이 되거나, 순수하게 학교를 위해 봉사한다는 좋은 마음으로 활동을 할 수도 있다. 하지만 이것 역시 남는 것이 없다.

학부모가 보기에, 학교는 결코 친절한 서비스 기관이 아니다. 학교에서 연락이 오면 대부분의 학부모는 놀라거나 두려워한다. 좋은 일로 연락하는 경우는 거의 없고, 대체로 나쁜 일이거나 무엇을 요구하는 일이기 때문이다. 특히, 아이가 잘못해서 다치거나, 폭력사건을 일으켰다거나, 학교 규칙을 어겼다거나 하는 일로 연락을 받으면 더욱 그렇다. 이런 일로 학교에 갈 때면, 학부모는 마치 죄인이 된 듯하다.

아이의 진로와 진학에 대한 상담을 하러 가는 발걸음도 무겁기는 마찬가지이다. 특히, 대학입시를 앞둔 상황에서 고등학교 선생님을 만나 진학 상담을 하는 것은 두렵기까지 하다. 마치, 종합병원에서 큰 질병에 대한 진단결과를 받으러 가는 불안감이 든다. 교사의 말 한마디가 부담스럽다. 이래저래 학부모에게 자녀가 다니는 학교는 부담스러운 곳이다.

## □ 학교는 규율도 없는 것 같다

부모가 보기에도, 요사이 아이들은 참으로 말을 듣지 않는다. 여학생은 멋을 내고 화장을 하려 한다. 머리는 파마를 하거나 염색하고 싶어 한다. 교복치마는 줄여 입으려 한다. 그래야 멋있단다. 남학생들은 잘 씻지 않는다. 옷을 깨끗하게 입을 줄도 모른다. 가방에는 무엇이 들어 있는지 모를 정도로 빈 가방이다. 머리도 제멋대로 기른다. 교복에는 명찰이 없고, 신발도 아무거나 신으려 한다. 남녀를 가리지 않고 공부는 멀리하고, 컴퓨터와 핸드폰을 만지작거리며 놀려고만 한다.

부모들이 학교에 다닐 때도 이런 아이들이 있었지만, 학교에서 혼나고 벌 받으면서 나름 질서가 유지되었다. 그런데 지금의 학교는 그런 것도 없어 보인다. 학교에 엄격한 규정이 있어야 하고, 그 규정을 어긴 학생은 강하게 처벌해야 부모의 말도 먹힐 것 같은데, 학교에서 이런 일을 제대로 하지 않는 것 같아 불만족스럽다.

실제로, 이런 아이들이 지금의 학교엔 너무나 많다. 교복을 단정하게 입은 학생은 찾아보기 어렵다. 수업 종이 치고 선생님이 들어와도 교실은 어수선함이 사라지지 않는다. 지각이 다반사이고 담임교사의 허락 없이 조퇴하는 학생도 많다. 쉬는 시간과 점심시간에 학교 밖으로 나가 음식을 사 먹고 담배를 피우는 학생도 많다. 약한 학생을 괴롭히면서도 자신의 잘못을 지적하는 교사에게는 대드는 학생도 많다. 볼펜이나 연필 한 자루 없이 와서 약한 친구의 펜을 자기 것인 양 가져다 쓴다. 수업은 아랑곳하지 않고, 하루 종일 핸드폰으로 게임을 하거나 문자를 주고받는다.

그런데 학교는 이런 아이를 통제할 수단을 많이 잃어버렸다. 부모의 입장에서는 이런 학생들을 그대로 내버려 두는 학교와 선생님들이 야속하다. 물론, 과거처럼 선생님들이 매를 들고 학생들을 때리는 것을 바라지는 않는다. 그것이 허용되지 않는다는 것도 안다. 그래도 어떤 방식으로든 학교는 이런 아이들을 통제하고 가르쳐야 한다. 하지만 이런 문제에 대해 학교는 손을 놓은 것처럼 보인다.

## □ 학교는 아이들을 불행하게 한다

어떤 학부모는 아이가 그저 행복하게 살길 바란다. 아이가 꼭 좋은 대학에 진학하길 바라지 않는다. 다만, 아이가 학교를 즐겁게 다니면서, 좋은 성격과 인성을 갖춘 사람으로 성장하길 바란다. 그런데 우리나라 학교는 이런 소박한 꿈도 받아 주지 않는다. 학교는 아이들을 행복하게 만들지 않는다. 끊임없이 경쟁하게 만들고, 끊임없이 해야할 과제를 만들어 낸다. 계속 '이것을 더해라. 이것만 더하면 돼.' 이런 식이다.

부모가 원하는 것은 단지 아이가 삶을 누릴 줄 알고, 다른 사람에게 베풀 줄 아는 사람으로 성장하는 것이다. 물론, 이를 위해서도 능력과 어느 정도의 지식이 필요하다는 것은 안다. 그런데 학교는 너무나 어려운 지식들, 모두가 알 필요는 없는 지식들을 꼭 필요한 것이라며 가르친다. 우리나라에서 성공하려면 좋은 대학에 가야하고, 좋은 대학에 가려면 이 과목의 이 내용은 반드시 배워야 한다는 식이다.

정작, 부모와 학생, 심지어 교사도 이런 교육을 원하는 것은 아니다. 자신들도 이런 논리로 고등학교를 다니고 대학을 다녔지만, 그것이 전부가 아니라고 생각하기 때문이다. 이런 부모 가운데 어떤 사람들은 이를 실현할 수 없는 우리의 교육현실을 견디다 못해 유학이나 이민을 선택한다. 돈이 들더라도 말이다. 캐나다나 미국 같은 곳에 가서 공부하면 우리나라에서 그렇게 중요하게 취급되는 영어를 배우면서도, 본인이 선택한 과목을 공부하니 우리나라에서 고등학교를 다니면서 받는 스트레스도 피할 수 있겠다는 심산이다.

하지만 우리나라의 고등학교는 꽉 짜인 시간표로 아이들을 아침부터 저녁까지 잡아 놓고 갖가지 과목을 공부시킨다. 이런 방식으로 공부를 강요하니 아이들이 공부를 싫어하기 마련이다. 싫어하면서도 경쟁에서 승리하기 위해 악착같이 공부에 매달린다. 그런데 성적은 쉽게 오르지 않는다. 쉽게 오르지 않는 성적에 아이들은 좌절한다. 이런 아이를 보면서 부모도 함께 불행해진다.

## 2. 교사의 하루하루는 바늘방석이다

### □ 교사에게 요구하는 바에는 한계가 없다

평범한 교사라면 좋은 선생님이고 싶다. 이런 꿈으로 선생님이 되고자 하였을 것이다. 내가 좋아하는 교과를 매개로 아이들을 가르친다는 일은 얼마나 가슴이 설레는 일인가? 나의 수업을 귀담아 듣고 성숙하게 변화하는 학생들을 본다면 보람과 긍지를 느낄 만하다.

그러므로 무엇보다 선생님은 수업을 잘해야 기분이 좋다. 교사로서 가장 중요한 업무가 수업이다. 그런데 지금, 이 수업을 뜻대로 잘

하기가 어렵다. 기운 빠지는 일이다. 주된 이유는 학생들이 적극적으로 수업에 참여하지 않기 때문이다. 학생들은 수업을 지루해한다. 눈치를 보며 딴짓을 하거나 자 버린다. 하지만 사람들은 쉽게 말한다. 수업을 잘 못해서라고. 물론, 똑같은 학생을 대상으로 수업을 잘하는 교사가 있고, 못하는 교사가 있으니 그 점은 인정할 수 있다. 하지만 현재의 체제에서는 아무리 아이들에게 인기가 높은 연예인을 데려와 수업하게 해도 아이들의 열광과 참여는 오래가지 못할 것이라고 반론하고 싶다.

공부는 어느 정도는 지루한 일이다. 무엇을 이해하고 기억하는 것이 항상 즐거울 수는 없다. 지식을 내면화하는 과정은 인고의 시간을 요구할 수밖에 없다. 그런데도 사람들은 교사에게 자꾸 수업을 재미있게, 쇼처럼 하라고만 한다. 그러니 학생들도 더욱 그런 수업을 원한다. 지루한 수업엔 쉽게 눈을 감는다.

학원 강사와 선생님의 수업을 평면적으로 비교하는 사람들이 많다. 그러고는 학원 강사와 달리, 선생님의 실력이 부족하다거나 열심히 수업 준비를 하지 않는다고 비난한다. 하지만 유능한 학원 강사를 학교에 데려와 수업하게 해도 사정은 역시 다르지 않을 것이다. 그 효과는 오래가지 못할 것이다. 그만큼 학교와 학원의 조건은 다르다. 세간에 이름을 날리는 학원의 명강사들은 강의 위주로, 시험문제를 콕 짚어 주는 수업을 한다. 수강생의 잠을 깨우는 자극적인 동작이나 화려한 말솜씨로 자신의 끼와 열정을 마음껏 발휘한다.

그러나 교사는 그럴 수 없다. 그러면 안 된다. 학교의 수업은 학원식 강의가 아니다. 학교의 교사는 학생의 전인적 발전, 교육적 성숙을 고려하면서 수업해야 한다. 잘하는 학생, 못하는 학생을 균형 있게 고

려해야 하고 배려해야 한다. 일방적인 지식 전달 수업만 해서는 안
된다. 학원과 달리, 학교는 어떤 선생님이 수업을 잘한다고 정평이 난
다고 해도 크게 달라지는 것이 없다. 따라서 학교 교사는 은은하지만
지속적으로 아이들의 기초를 닦아 주는 수업을 주로 한다.

더구나 세상이 요구하는 교사의 역할은 수업만 잘하는 데 있지 않
다. 수업 말고도 해야 할 일이 많다. 담임교사로서 40명 정도 되는 한
학급의 학생을 일일이 보살펴야 한다. 가정환경, 교우관계, 학업과 성
적에 관한 고민, 진로와 진학 등과 같은 제반의 사항에 대해 상담하
면서 해당 학생을 바르게 파악하고 잘 성장할 수 있도록 지도해 주어
야 한다.

그런데 한 학급에는 반드시 문제 학생, 공부하는 학생, 평범한 학
생들이 섞여 있다. 그러니 선생님은 문제 학생을 지도하는 데 많은
시간을 들이게 된다. 공부하는 학생은 가끔씩 격려해 주는 것으로 그
칠 수도 있다. 그래도 잘하기 때문이다. 교사로서 가장 미안한 부류의
학생은 평범한 학생들이다. 평범한 학생은 본의 아니게 관심 밖으로
밀려난다. 많은 학생들을 돌보다 보니 문제가 있는 학생, 우수한 성적
을 거두는 학생에 주의가 집중되는 것이다. 그러다 보면 정작 우리
사회에서 다수의 선량한 시민으로 살아갈 평범한 학생들은 뒷전에
놓인다. 안타까운 일이다.

소위 잡무라고 불리는 행정업무도 적지 않다. 교육과학기술부, 시·
도 교육청, 지역 교육청은 물론이고, 최근에는 각 구청이나 시에서 학
교를 지원한다는 명분으로 많은 사업을 펼친다. 이런 것들이 학교에
도움이 되기도 하지만 이 모든 사업은 다 교사의 일이 된다. '사교육
없는 학교', '창의경영학교' 시범학교를 운영한다거나, 방과후학교와

논술 수업을 열심히 하는 일은 모두 행정업무가 뒤따른다. 보조금을 집행하는 데는 반드시 문서행위와 영수증이 요구된다. 해당 사업을 진행한 결과를 보고하는 보고서도 만들어야 한다.

기본적으로 학교가 돌아가기 위해 해야 할 일도 많다. 모든 조직에서 해야 하는 인사관리, 재무회계관리를 학교라고 안 할 수 없다. 담임교사, 부장교사, 업무 담당 교사를 정해야 하고, 학비와 교육청 지원금으로 이루어진 예산 내에서 회계 처리를 해야 한다. 이를 위해 행정실이 있지만, 4~5명에 불과한 직원이 이를 다 해내기는 어렵다. 그러니 선생님에게 많은 일이 돌아갈 수밖에 없다.

학생들은 학교에 와서 점심을 먹는다. 야간자율 학습을 하면 저녁식사도 한다. 이 관리도 결국은 교사의 몫이다. 내가 근무하는 학교는 한 시간에 불과한 점심시간에 전교생 약 1,200명이 식사를 해야 한다. 관리가 쉬울 리 없다. 배고픈 학생들은 4교시 종료 종이 치기도 전에 교실을 뛰쳐나와 달린다. 조금이라도 먼저 가서 줄을 서기 위해서이다. 결국, 모든 학년이 동시에 식사하는 것이 어렵다고 판단해, 3교시 끝나고 한 학년 학생들이 먼저 식사하지만 여전히 긴 줄이 늘어선다. 교사는 이것도 관리해야 한다.

여교사에게 특별히 부과되는 부담도 있다. 학교가 아닌 사회가 부과하는 부담이다. 최근, 학교에는 여선생님의 비율이 매우 높아졌다. 그런데 사회는 이들에게 무언의 기대를 한다. 결혼하여 아이를 잘 키울 것이라는 기대이다. 교사는 일찍 출근하지만 일찍 퇴근한다. 우리나라에서 정시에 퇴근할 수 있는 안정적인 직업은 교사가 유일할지도 모른다.

그래서 여교사는 1등 신붓감으로 거론된다. 그런데 여교사의 입장에서 보면, 가정을 돌보는 일도 중요하고 힘든 노동이다. 학교에서 교사로서 수업, 담임업무, 행정업무를 처리하느라 고생했는데, 집에 가서도 해야 할 일이 태산이다. 배우자인 남편이 돕는다고 해도 한계는 있다. 많은 가사가 일찍 퇴근하는 여교사의 몫이 되기 쉽다.

선생님은 경력이 쌓이면 보다 업무를 많이 해야 하는 부장교사를 해야 하고, 공부를 더하기 위해 대학원을 다니거나, 승진을 위해서 연구 활동도 해야 한다. 여교사도 예외는 아니다.

결혼 초기는 물론이고, 아이들을 낳고 기르는 시기, 중견교사로서 많은 일을 해야 할 시기 모두에 있어, 여교사는 피곤하다. 학교의 요구, 사회의 요구를 모두 충족하기가 벅차다. 그러므로 실제로 학교에 있는 많은 여교사들이 건강하지 못하다. 많이 아프다. 수업, 담임업무, 잡무, 출산과 육아, 가정 살림, 해야 하는 공부 등으로 마음 편히 쉴 날이 거의 없다.

학교에서, 가정에서, 사회에서 선생님에게 요구하는 바는 끝이 없다. 그런데 학교와 학생은 이 모양이다. 선생님은 언제 어떤 일이 터질지 바늘방석에 앉아 있는 듯 불안하기만 하다.


□ 국·수·영 과목 교사는 너무나 힘들고, 다른 과목 교사는 소외된다


국어, 수학, 영어 교과를 가르치는 선생님은 다른 교과를 가르치는 교사에 비해 더 피곤하다. 해야 할 일이 더 많기 때문이다. 정규 수업을 마쳐도 방과후학교 수업을 담당해야 한다. 학부모와 학생들은 담임교사로 이들 과목의 선생님을 더 선호하니, 담임을 피해 갈 방법도

없다. 그러니, 이 교과를 지도하는 교사로서 방학을 온전히 쉬는 사람은 드물다. 방학이 되어도 수업하는 기계처럼 몸을 혹사시킨다.

먼저, 수학을 가르치는 선생님의 경우를 생각해 보자. 무엇보다 어려운 점은 수학 공부를 힘들어하는 학생이 많다는 것이다. 일반계 고등학교의 교실에서 선생님이 수업하는 수학교과의 내용을 제대로 이해하고 따라오는 학생은 40명 가운데 10~20명이 되지 못한다. 이 숫자는 1학년 때는 더 많은 숫자이지만, 2학년, 3학년으로 올라가며 줄어든다.

3학년의 인문사회계열 학생이 수능시험 모의고사를 볼 때가 되면 그 현실이 잘 드러난다. 시험시간 30분도 안 되서 한 반 학생 중 삼분의 일 이상이 문제 풀기를 포기하고 엎드려 잠을 청한다. 그래도 아직 많은 학생이 문제를 풀어 보려 노력하지만, 낑낑대는 모습이 뚜렷하다. 마지막까지 시간을 아껴 가며 최선을 다해 문제를 열심히 풀 수 있는 학생은 5명이 안 된다.

30분도 안 돼서 엎드리는 학생은 수학을 사실상 포기한 것이다. 못해서 그럴 수도 있고, 필요가 없어서일 수도 있다. 예체능계로 대학을 진학하려는 학생의 경우는 필요가 없어서이다. 이 학과들은 대부분 입시전형에서 수학점수를 반영하지 않는다. 그러니 이들은 사실, 수학을 치를 이유가 없다. 공부할 필요도 없다고 생각한다. 하지만 마땅히 가 있을 곳도 없으니 시험을 보는 것이다.

예전부터 수학은 학생들에게 어려운 과목이다. 하지만 대학입시에서는 매우 중요한 과목이다. 여기엔 여러 가지 이유가 있다. 그 중 한 가지는 수학 과목이 학생들의 학업능력을 재는 평가도구로서 매우 유용하기 때문이다. 수학은 갑자기 공부해서 실력을 향상시킬 수 없다. 또한, 지식의 위계구조가 뚜렷해 아래 단계를 잘하지 못하면 높은 단계의 문제를 푸는 것이 불가능하다. 출제 시 문항의 난이도를 조절하기가 유리하고, 정답이 분명해서 시비가 발생하는 일이 거의 없다. 학생들을 선발하는 기준으로는 매우 유용한 과목인 셈이다.

평소, 수업시간에도 사정은 다르지 않다. 수업 내용을 제대로 이해하고 공부하는 학생이 얼마 되지 않는다. 부모들은 과외와 학원을 통해 아이의 실력을 향상시키려 안간힘을 쓰지만, 수학을 어려워하는 아이들은 수학을 도대체 왜 배워야 하느냐며 투덜거린다. 그러면서도 억지로 문제를 풀어 보고 또 풀어 본다. 수학은 이런 문제 풀이가 유일한 공부법이라고 간주되기 때문이다. 그러나 이런 방식의 공부 때문에 학생들은 수학을 더욱 싫어하게 된다.

수학처럼 어려운 과목 공부에 학생을 참여시키는 방법은 다소 엄격한 분위기일 수밖에 없다. 내가 경험한 현장의 많은 수학 선생님들은 학생들을 대체로 엄격하게 대하는데, 이는 그렇게 하지 않고서는 수업 진행 자체가 어렵기 때문이다.

학교의 중간고사나 기말고사와 같은 시험을 통해 수학 선생님들은 결정적으로 학생들의 공부하려는 의지를 꺾어 놓는다. 수업시간에는 쉬운 문제로 수업해도 시험은 어렵게 낸다. 상대평가로 상위권 학생들의 성적 차이를 산출해야 하는 것이 현재의 중·고등학교 내신 성적 산출방식이다. 따라서 선생님은 어려운 문제로 아이들이 주어진 시간에 충분히 풀 수 없도록 출제하기 마련이다. 사정이 이러니, 좋은 성적을 기대한다면 학교 수업만 충실히 듣는 것으로는 부족하다. 사교육을 찾게 된다.

다음으로, 영어 선생님의 경우를 보자. 영어 선생님들도 스트레스를 많이 받고 있다. 영어 역시 매우 중요한 입시 과목이다. 그런데 최근에는 영어를 잘하는 학생이 매우 많다. 특히, 외고를 비롯한 특목고, 자사고, 강남의 학교 학생들이 그렇다. 사교육도 많이 받았고 외국 경험도 풍부하기 때문이다. 선생님이라 해도 이들에 비해, 발음이나 회화 능력과 같은 특정 부분에서 부족할 수도 있다. 그런데 학생들은 이를 가지고 말이 많다.

한 가지 다행은 수능시험은 듣기 문제와 독해력 문제가 전부이므로, 고등학교에서는 이 시험에 맞춘 수업을 하기에는 크게 어렵지 않다는 점이다. 또한, 1, 2학년 수업의 경우에도 교과서 위주로 수업하면 큰 어려움은 없을 수도 있다.

그래도, 우리 사회의 영어에 대한 집착은 과도함을 뛰어넘는다. 다른 어떤 과목은 물론이고, 국어나 수학보다 영어를 중요한 과목이라고 생각한다. 수학은 대학 진학 후에는 별로 필요가 없을지라도 영어는 사회생활을 하는 데도 중요하다고 믿는다.

그러므로 영어 교사는 정말 부담이 크고 대체로 바쁘다. 하지만 모든 영어 교사가 그렇지는 않다. 학생들이 영어를 배울 수 있는 방법은 매우 다양하기 때문이다. 학교 수업에 의존하지 않고도 더 좋은 방법이 훨씬 많다. 따라서 학생들은 영어 선생님 중 자신들이 보기에 능력이 있고, 잘 가르치는 교사에게만 매달린다. 학생들의 호불호가 뚜렷할수록 영어 선생님은 상처받기 쉽다.

국어 선생님도 바쁘기는 마찬가지이다. 수능시험의 1교시를 차지하고 있는 이 교과의 위상은 높다. 문학, 비문학, 화법, 문법, 독서 등 처음 듣는 이에겐 매우 생소한 세부 분야를 수업한다. 이처럼 수능을 대비하는 수업만으로도 이 선생님은 바쁠 수밖에 없다. 그런데 여기에 논술도 있다. 비록 사회과나 과학과 선생님들이 주로 담당해야 한다는 주장이 있기는 하지만 국어 교사가 여전히 중요하다.

이제 이들 주요 과목, 즉 국어, 수학, 영어가 아닌 과목을 담당하는 선생님의 경우를 보자. 한마디로 이들은 소외당하고 있다. 학생들은 '진로와 직업'과 같은 교양과목, 일본어, 중국어, 독일어와 같은 제2외국어는 물론이고, 기술·가정, 음악, 미술, 체육과 같은 과목은 아예 공부하려 들지 않는다. 학년이 올라갈수록 이런 경향은 더 커진다. 당장의 대학입시에 도움이 안 되기 때문이다.

최근에는 물리, 화학, 생명과학, 지구과학과 같은 과학교과 선생님들과 역사, 사회, 경제, 정치, 윤리, 지리와 같은 사회교과 선생님들도 이런 상황에 처했다. 수학능력시험에서 이 많은 과목 가운데 2과목만 선택하면 되므로, 학생들이 선택과목 외에는 열심히 공부하지 않기 때문이다.

이들 과목은 교육과정을 편성할 때 수업시수가 줄어들거나 아예 폐기되기도 한다. 이렇게 되면 해당 과목의 선생님은 다른 학교로 전출되거나, 사립학교라면 그만두어야 하는 상황이 될 수도 있다. 해당 과목의 수업이 없으면 '창의적 체험활동'을 담당하기도 한다.

그런데 이런 수업이 잘될 리는 더욱 없다. 아이들은 시험도 보지 않는 이런 활동에는 더욱 무관심하다. 사회, 과학, 미술, 체육, 음악 시간도 공부하지 않는데, 이런 시간을 열심히 임할 리가 만무하다. 이 시간이야말로 학생에게는 쉬는 시간인 셈이다. 선생님도 자신의 전문 영역이 아니니, 재미있게 잘 가르칠 수 없다. 교사로서의 자존심과 의욕은 더욱 떨어진다.

## 3. 학생도 학교가 답답하다

2012년 1월 17일 보도에 의하면, 우리나라 고교생 10명 중 8명은 유학을 희망한다고 한다.[3] 이 결과는 청소년정책 연구원에서 한국, 중국, 일본, 미국 4개국을 비교 조사하여 얻은 것이다.

조사에 따르면, 한국 고교생의 82.3%가 고교 또는 대학 시절에 해외로 유학하기를 희망한다. 그런데 그 주된 이유로는 대학 진학의 어려움이 1순위였다. 학생의 고교 생활 만족도는 4개국 중 가장 낮다. '학교생활이 만족스럽지 않다'는 응답은 한국이 21.2%였고, 일본과 미국, 중국은 각각 21.1%, 17.9%, 9.7%였다. 이뿐만이 아니다. 국가에 대한 만족도도 가장 낮았다. '우리나라에서 사는 것에 만족한다'는 답변은 한국이 66%에 그친 데 비해 미국 92%, 일본 87.8%, 중국 75.3%로 나타났다. 우리나라 고등학생의 사기가 이토록 처져 있는 이유는 무엇일까?

무엇보다 고등학교가 답답하기 때문이다. 학교에는 너무나 다른 여러 아이들이 함께 섞여 있다. 하지만 학교는 이런 아이들이 필요로 하는 프로그램을 충분히 갖추지 못하고 있다. 학부모들이 다녔던 과거와 달라진 바가 별로 없다. 학교의 프로그램과 체제는 예전과 그대로이다.

나의 학급에 있는 학생들만 해도 그렇다. 학교에 안 오기를 밥 먹듯이 하는 아이, 무기력한 아이, 폭력적인 아이들이 많다. 반면에 꿈을 간직하고 열심히 노력하는 아이도 물론 많다. 문제는 이렇게 섞여

---

3) 「세계일보」 2012.01.17.

있는 아이들이 시너지 효과를 내지 못한다는 것이다. 오히려 마이너스 효과만 커진다. 서로 더 나빠지는 것이다. 사례를 통해 학생의 불만과 더불어 현재 고등학교의 상황을 말하고자 한다. 소개된 학생의 이름은 모두 가명이며, 사례도 실제 인물 파악이 어렵도록 수정된 것임을 밝힌다.

□ 인내하며 학교를 다니는 일이 너무나 괴롭다

지호가 결석했다. 부모님이 새벽 6시에 모두 출근하셨는데, 스스로 일어나지 못했다는 것이 변명이다. 새벽까지 스마트 폰으로 게임을 하고 인터넷도 검색하다가 잠들었는데, 일어나 보니 이미 오후 1시가 넘었단다. 학교에 가기에는 너무 늦은 시간이라고 생각한 지호는 그냥 집에 있기로 했다.

담임선생님의 전화에 내일 일찍 가겠다고 대답했다. 하지만 다음 날에도 학교에 가지 않았다. 솔직히 학교에 가기가 싫기 때문이다. 이번에는 감기 몸살 때문이라고 핑계를 댔다.

학교에서 매일 이루어지는 7시간의 수업 중 지호가 관심 있는 수업은 하나도 없다. 수학, 영어, 문학, 사회문화, 윤리, 일본어, 한문 등 과목은 모두 어렵다. 들어도 모르겠다. 그는 거의 모든 수업시간에 잠을 청한다. 체육시간이 몸을 움직이는 유일한 시간이지만 이 시간에도 자유롭게 놀기보다는 무엇을 배우라고 하니 피곤하다. 그나마 쉬는 시간이 깨어 있는 시간이다. 10분 동안 핸드폰도 하고, 친구들과도 장난을 치고 큰 소리로 떠든다.

다음으로 보현이의 경우를 보자. 그는 고등학교 2학년인 18세의 나이가 되었지만 앞으로 무엇을 할지 아무런 생각이 없다. 선생님이 물어 봐도 "그냥 산다"는 대답이 쉽게 나온다. 아무런 꿈도 미래도 없단다. 그런 생각을 하면 더 답답해져서 더 이상 생각도 하지 않는다고 한다.

보현이는 중학교 2학년 때부터 공부에 손을 놓았다. 조금 놀고 싶고, 놀아도 될 것 같아 놀게 되었는데 PC방에서 친구와 형들을 사귀게 되면서 공부는 아예 하지 않게 되었다. 지금도 학교를 마치면 집으로 가서 옷만 갈아입고, 나와서 PC방 등을 돌아다니다 밤늦게 집으로 들어간다. 학원은 다니지 않으며 공부도 하지 않는다. 부모도 이런 보현이가 걱정되어 여러 번 야단도 쳐 보고 공부도 하게 해 봤지만, 소용이 없었다.

보현은 이런 자신에게 문제가 있다고 느끼고, 스스로도 자기 자신의 모습이 좋지 않게 느껴진다고 인정한다. 하지만 여전히 당장 무엇을 하고 싶은 의욕이 없다. 그저 핸드폰을 갖고서 게임하고, 인터넷 검색하면서 매우 무력한 표정으로 학교를 다니고 있을 뿐이다.

한편, 정탁이는 키는 186센터에 몸무게는 90키로가 나가는 거구이다. 정탁이는 학기 초, 담임교사가 나눠 준 자기소개서에 큰 글씨로 이렇게 자신을 소개했다.

> 엄마, 아빠, 나, 큰누나, 작은누나. 이렇게 우리 가족이다. 나는 현재 고등학교를 다니고 있으며 **중학교를 졸업하고 지금은 고등학교 2학년이다. 나는 커서 돈 잘 버는 회사원이 되고 싶다. 나는 일주일 동안 자고 놀고 먹고 한다. 나의 성격은 활발하고 장난기가 많다. 나의 하루는 노는 것이다. 좋아하는 건 당구 치는 것과 컴퓨터 하는 것이다. 고민은 없다. 좌우명은 '남의 물건을 부러워하지 마라'이다.

몸집이 커서 다른 아이들을 위협하는 정도이지만 생각과 표현은 크지 못했다. 고등학교 2학년 학생으로 보기 어렵다. 정탁에게도 학교 수업은 어렵기만 하다. 특히, 수학문제를 보면 토할 것 같다. 그러니 그 역시 잠을 자거나 핸드폰을 갖고 노는 것이 학교 수업시간에 주로 하는 행동이다.

그래도 학기 초 2주 동안은 8시에 맞춰 등교했다. 그러나 3주째가 되어 감기몸살이라며 조퇴와 결석을 하더니, 이튿날은 지각을 했고 점심시간에는 말없이 사라졌다. 무단 조퇴를 한 것이다.

이 학교엔 담이 없기 때문에 무단 조퇴가 용이하다. 몇 년 전, 담 없는 학교를 만든다는 취지로 구청의 예산을 지원받아 기존에 있던 담을 모두 헐었기 때문이다. 일부는 담을 낮추었고, 일부는 아예 공원을 만들었다. 학생들이 무단 외출과 조퇴를 쉽게 생각하는 이유 중 하나이다.

## □ 학교엔 내가 하고 싶은 것이 없다

주환이는 드럼 치는 것을 좋아하고 실용음악과를 진학하여 작곡을 해 보고 싶다. 성적도 좋은 편이다. 1학년 때 본 수능 모의고사를 기준으로 하면 언어, 수리, 외국어 영역에서 모두 2등급 내지 3등급 수준의 성적을 보인다. 그는 열심히 공부하고 절대 잠을 자지 않겠다는 약속을 하고, 가장 앞자리에 앉았다. 그래서 뒤에 앉은 학생들이 떠들거나 자거나 상관없이 열심히 공부한다. 그래도 한 교실 내에 공부를 열심히 하는 친구들이 많지 않다 보니 긴장감이 없다. 주환이는 학교가 무의미하다는 생각을 많이 한다. 학교에서 음악과 관련하여 더 많이 배우면 좋겠는데 그럴 수 없다. 그가 보기에는 공부도 깊이가 없다. 열심히 할 필요를 덜 느낀다.

석민이는 태권도 4단이다. 학교를 마치면 집에 가서 잠시 쉬고 바로 태권도장으로 간다. 하루에 3시간 30분이나 그는 도장에서 운동한다. 그의 목표는 올해 전국대회에 나가 메달권에 진입하는 것이다. 이런 성과를 거두면 태권도학과가 있는 대학에 특별전형으로 합격할 수 있다. 그는 학교 공부에서는 수학은 공부하지 않고, 영어, 문학은 공부한다. 사회탐구 과목은 천천히 관심을 두는 정도이다. 일반전형으로 대학을 간다고 해도 태권도학과에 진학할 생각인데, 이때 수학은 반영하지 않기 때문이다. 따라서 그는 수학시간은 잠을 청한다. 한문시간이나 일본어시간도 열심히 공부하지는 않는다.

지용이는 앞으로 무엇을 해야 할지 결정하지 못했다. 그런데 그는 일본 만화 마니아이다. 초등학생 때부터 컴퓨터로 일본만화를 봤고 지금도 빠져 있다. 그래서 일본어는 잘한다. 다만, 한문이 나오는 고급 일본어는 못한다. 일본어 인증시험을 볼 생각이 있지만 실행에 옮기지는 못했다. 아침에 지각하는 일은 거의 없다. 8시가 되면 교실에 들어온다. 하지만 책상에 앉아서는 멍하니 앉아 있다. 선생님이 이를 지적하자, 사실은 그 시간에 게임 스토리를 생각하고 있는 것이라고 한다. 그것을 노트로 옮겨 놓아야 포트폴리오가 된다고 말하니, 그 일은 집에서 하지 학교에서는 하지 않는다고 했다. 예전에는 했는데 이 노트를 아이들이 훔쳐 가고 찢고 장난친 일이 있은 후로는 학교에서는 그런 티를 내지 않는다고 한다.

수현이는 남자지만 간호사가 꿈이다. 그는 학급에서 그 누구보다도 행동이 바른 아이이다. 수업시간에는 절대로 딴짓을 하거나 잠을 자지 않는다. 자신의 꿈을 이루기 위해서는 성적이 좋아야 한다고 생각하기 때문이다. 하지만 공부가 쉽지는 않다. 특히, 영어와 수학이 어렵다. 수학은 도저히 혼자서 따라갈 수 없어서 학원에 다닌다. 형편이 좋지 않아 학비보조를 받고 있는 그가 학원에 다니는 것은 스스로도 말이 되지 않는다고 생각한다. 그래도 공부를 하겠다고 엄마를 졸랐다. 영어는 하루에 단어를 50개씩 외우며 공부한다. 다가오는 중간고사와 모의고사가 우선의 목표이다. 그는 최대한 좋은 성적을 받겠다는 각오로 하루하루 열심히 공부한다. 선생님은 간호사가 되려면 자연계(이과)에서 공부하는 것이 좋다고 하자 그는 수학이나 과학이 너무 어렵고, 자기가 찾아보니 인문계(문과)도 성적이 좋으면 상관이 없는 것 같아 인문계로 진학했다고 한다.

지금의 일반계 고등학교엔 이처럼 다양한 학생들이 한 교실에 40명씩 모여 있다. 전혀 공부를 할 수 없는 아이부터 각양각색의 꿈을 가진 아이들이 모여 있다. 그런데도 공부해야 하는 과목과 내용은 같다. 학교가 재미없는 이유이다. 물론, 학교가 모든 학생의 요구를 충족하는 교육과정을 제공할 수는 없다. 그럼에도 불구하고, 현재의 학교는 정도가 심하다. 너무나 다른 아이들에게 똑같은 프로그램을 장시간 강요한다.

학생들의 학교에 대한 불만은 사실 극에 달해 있다. 학교 폭력이나 따돌림, 자살 등의 문제가 일어나는 이유를 교사, 학생, 부모와 가족처럼 개인적 차원에서 찾으려 하는 사람이 많은데, 문제의 핵심을 잘 모르는 진단이다. 상담교사를 늘리거나 경찰에게 도움을 요청하는 것도 잘못된 해법이다. 멀리는 사회구조의 문제이겠지만, 가깝게는 학교체제의 문제이다. 특히, 고등학교를 정점으로 하는 폐쇄적이며 획일화된 교육 탓이다. 따라서 해법도 이를 풀어내는 데서 찾아야 한다.

# Ⅲ. 왜 이렇게 되었나?

나는 2008년 9월부터 2010년 12월까지 2년 6개월간 교육과학기술부로 파견되어 국가교육과학기술자문회의(이하 자문회의)에 근무한 바 있다. 이 기구는 대통령이 의장인 말 그대로, 교육과 과학기술에 대한 국가 수준의 자문기구이다. 이 자문회의는 부의장 1명을 비롯해 교육분야 7명, 과학기술분야 7명의 위원, 총 15명으로 구성되어 있다. 이 분들은 우리나라 교육계와 과학계를 대표하는 분들로 대부분 원로급 교수, 연구원장급 명망가로 많이 바쁘다.

따라서 주요 의제는 각 분야의 중견 연구자급인 10명 정도의 전문위원이 작성하게 된다. 그런데 이 전문위원도 대체로 현업에 종사한다. 교육 분야 전문위원은 대체로 대학의 교수이거나, 교육개발원 같은 국책연구소의 연구원이 겸임하였다. 그러므로 항시적으로 근무하며 의제를 만들고, 업무를 수행할 사람이 필요했다. 나는 중등학교 교사로서 교육과학기술부에 파견되어 근무하는 형태였으므로 나를 비롯해 몇 명이 이 기구의 상근전문위원으로 일하게 되었다.

사실, 나는 1999년 9월부터 2000년 8월까지 같은 성격의 자문기구였던 '새교육공동체위원회'에 근무한 경험이 있었기에 이 일이 크게 낯설지는 않았다. 당시는 김대중 대통령 재임 기간이었고, 이번에는 이명박 대통령 재임 기간이라는 점이 다른 점이라고 할 수 있었다.

고등학교 교사로서 오래 근무한 경험, 그리고 위와 같은 국가 수준 정책자문 부처에 근무한 경험을 바탕으로, 나는 우리 학교가 이 지경에 처한 이유가 다음과 같은 몇 가지 때문이라고 본다.

# 1. 교육정책이 잘못되었다

## □ 새로운 인물이 없으니, 새로운 정책도 없다

우리나라에서 교육정책에 관여하는 전문가 인력 풀은 넓지 않다. 자문회의 파견 초기, 한나라당 모 국회의원 실에서 열리는 협의회에 참여한 경험이 있다. MB 정부가 지향하는 교육정책을 논의하고 방향을 가늠해 보자는 자리였다. 나는 여기서 자문회의가 대통령보고 1호 안건으로 준비한 '국가교육과학기술 정책의 비전과 전략'을 발표하고 설명하였다.

이 안건은 MB 정부의 교육과 과학기술정책의 방향을 제안하는 내용으로 구체적인 제안보다는 지향점을 제시하는 수준이었다. 물론, 몇 가지 주요한 정책제안을 포함하고는 있다. 예컨대, 고교 다양화, 교육과정 개정 등이 그것이다.

한 국회의원이 물었다. "이런 보고서를 만드는 데 핵심적 역할을 한 사람들은 누구인가요?" "이전 정부와는 다른 분들인가요?" 나는 그렇지 않다고 말했다. 물론, MB 정부의 교육정책을 주도한 사람들은 있다. 하지만 적어도 이 보고서는 그들에 의해 만들어진 것은 아니었다. 자문회의의 전문위원들이 모여 작성한 것이기 때문이다. 그런데 그 전문위원들이 과거 정부에서도 교육정책에 대한 자문을 주로 해왔던 사람들이므로 나는 그렇게 답변한 것이다.

우리나라의 전문가 인력 풀은 그리 넓지 않다. 교육전문가로 분류되는 사람들도 마찬가지이다. 정권이 바뀐다고 해서 이들의 범주가 크게 바뀌지는 않는다. 다만, 이들은 예전에 자기가 했던 말을 현재의 상황에 맞추어 다르게 표현하면서 계속 일한다. 즉, 새로운 정부가 지향하는 교육정책을 추론하고, 이에 부합하는 제안을 만들어 내면서 생존한다. 이들은 정권이 바뀔 때마다 이런 보고서를 만들어 왔던 사람들이다. 이 일에는 이력이 난 전문연구자, 전문정책자들이다.

어떤 사람들은 정권이 바뀌면 교육정책에서 큰 변화가 있으리라 기대한다. 그러나 쉬운 일이 아니다. 소위 진보교육감들이 하는 일을 봐도 그렇다. 대다수 교육정책 연구자들이 그대로 주변에 포진해 있다. 고급 정보와 행정 경험을 비축한 보수적 관료들도 여전히 건재하다. 이들이 겉으로는 변화에 앞장서는 듯하지만, 결코 변화의 주도자가 될 수는 없다.

## □ 김영삼 정부의 5·31 교육개혁안에서 비롯되었다

현재 우리나라 교육의 성과와 문제점을 야기한 국가 수준 교육정책은 지금부터 20년 전 김영삼 정부의 교육개혁위원회가 제시한 '신교육체제' 수립을 위한 교육개혁 방안에서 비롯되었다. 1992년 대통령 선거에서, 당시 김영삼 후보는 교육부문 공약을 "입시지옥의 해소와 인간중심의 교육개혁"으로 제시하고, 아래와 같은 7개 대주제를 설정했다.

① 21세기를 주도할 자주적 창조적인 인간교육 강화
② 입시제도의 개선과 대학정원 자율화로 입시지옥 해소
③ 교육재정의 GNP 대비 5% 확보를 통한 교육환경 개선

④ 대학교육의 질(質) 향상 및 기존 과학교육 강화
⑤ 평생교육체제의 확충과 생활교육 실현
⑥ 교원의 지위 향상을 통한 신뢰받는 교직사회 구축
⑦ 건전 사학의 육성

이 대주제들은 1994년 2월에 발족한 교육개혁위원회의 핵심의제로 다뤄지게 된다. 1995년 5월 31일 마침내 교육개혁위원회는 소위 '5·31개혁안'으로 불리는 교육개혁에 대한 총괄적인 방안을 발표하였다. 이후, 김영삼 정부는 1997년까지 크게 4차례 교육개혁방안을 발표하였다.

제1차 발표(1995.5.31.)가 신교육체제 수립을 위한 광범위한 기반 구축에 역점을 둔 것이었다면, 제2차 발표(1996.2.9.)는 직업교육·교육과정·교육법의 개편에 초점을 둔 것이었다. 제3차 발표(1996.8.20.)는 지방교육 자치제도, 교직사회 활성화, 사학의 자율과 책임, 교육정보화, 열린 학습사회를 다루었고, 제4차 발표(1997.6.2.)는 민주시민교육, 초·중등학교의 혁신과 고등교육체계의 개선, 정보화 사회 적응력, 유아교육의 공교육체제 확립, 과외대책을 통한 사교육비 경감방안 등을 다루었다.

이 가운데 1차 발표와 4차 발표를 눈여겨볼 만하다. 여기서 초·중등교육과 대학입시를 언급하고 있기 때문이다.

이 당시에 이미 대학은 다양화, 특성화, 국제화라는 방향을 잡고 있었다. 초·중등학교에 대해서는 지금도 여전히 논의되는 학교 자율화, 학생의 인성과 창의성 존중 등이 강조되었다. 대학입시에서는 현재의 학교생활기록부의 전신인 종합생활기록부제 도입이 언급되었으며, 학생의 학력이 아닌 능력을 평가하는 수학능력시험을 정착하는 방안도 언급하였다. 이 외에도 학생체벌금지, 학교폭력 예방 및 방지법 제정 등도 언급하고 있다. 교육과정상 학습내용의 감축 및 정선, 단위학교의 자율권 확대 및 교원업무 경감, 학교 현장교육 혁신운동의 활성화 등도 이미 언급하고 있다.

현재에 논의되는 주제들이 그 당시도 중요한 의제였던 것이다. 20년 동안 우리 교육은 실제적 변화 없이 같은 정책을 말만 바꾸어 가며 유지하고 있다. 이를 보좌하고 주도했던 교육 관료와 정책 연구자들이 그대로 남아 있다. 그사이, 우리의 교육은 점점 치유하기 어려운 중병에 빠져들고 있다.

누구나 인정하듯이, 이 개혁안의 지향점은 학생과 학부모를 교육수요자로 보고, 이들의 선택권을 확대하는 것이다. 본래 교육계에서는 수요자라는 경제학적 용어가 매우 생소하였다. 그런데 5·31 개혁안 이후, 이러한 용어가 범람하면서 교육은 수요자인 학생이나 학부모가 상품을 구매하듯 학교, 교육과정, 교사를 선택하는 것으로 이해하게 되었다.

언뜻, 이는 학부모, 학생, 교사가 참여하는 민주적인 교육체제로 보였다. 실제로 교육개혁위원회에서 발의한 학교운영위원회는 학교의 민주적 의사결정을 돕는 역할을 하는 데 기여했다. 학생과 학부모가 학교에서 주체적 역할을 할 수 있는 여지를 제공해 주기도 했다. 하지만 이후의 정책 현실은 민주주의보다는 신자유주의 쪽으로 더 큰 지향성을 띠게 되었다.

이처럼 이 개혁안은 민주적 교육체제를 지향하는 것으로 볼 수도 있지만 신자유주의적이라고 규정할 수도 있다. 예컨대, 한국민족문화대백과에서는 이 개혁의 특징을 다음과 같이 언급한다.

종래의 교육 공급자인 학교 및 교원과 교육행정기관의 편의 중심 교육으로부터 학습자 중심의 교육으로 전환하여 교육 공급자 간에 다양한 교육 프로그램의 경쟁을 통하여 교육 수요자인 학생과 학부모의 교육선택권을 확대한다. 〈중략〉 그리고 종래의 획일적이고 서열화된 교육에서 벗어나 다양한 교육 프로그램과 특성화된 학교를 설치·운영하며, 규제와 통제 중심의 교육 운영에서 자율과 책무성에 바탕을 둔 학교 운영을 한다. 또한 교육 공급자에 대한 평가를 실시한다. [4]

신자유주의적 지향성은 이후 정부가 바뀌었음에도 크게 달라지지 않았고, 이명박 정부에 들어와서는 훨씬 더 분명한 정책노선으로 설정되었다.

## □ 김대중 정부도 신자유주의 교육을 벗어나지 못했다

김대중 정부의 대통령 교육자문기구였던 새교육공동체위원회가 지향하는 정책도 5·31 개혁안의 범주를 벗어나지 못했다. 새교육공동체위원회는 고등교육에서는 의학전문대학원, 법학전문대학원의 설립에 주력했고, 중등교육에서는 자립형 사립고의 시범운영을 건의한 바 있다. 이 정책들은 이 개혁안의 연장선에서 나올 수 있는 제안이었다.

당시에도 이미 외고가 대학입시에서 소위 명문대학을 휩쓸고 있었다. 그런데 세계적 수준의 사립고등학교에 대한 로망을 갖고 있던 보수적인 교육학자와 교육정책가들은 이러한 꿈을 실현할 방안으로 외고와는 다른 형태의 학교를 그리고 있었다. 이렇게 하여 만들어진 것

---

4) 본래 한국민족문화대백과, 한국학중앙연구원에 있는 내용으로 네이버 지식사전 (http://terms.naver.com/)에서 재인용하였다.

이 자립형 사립고등학교이다. 처음 자립형 사립고로 공식적으로 지정된 고등학교는 민족사관고를 비롯한 6개 교였다.

나는 2000년 7월 청와대에서 열린 새교육공동체위원회 보고자료를 작성하는 데 일정한 책임을 지고 있었고, 이런 사정으로 전체회의에도 참가할 수 있었다. 이 자리에서 위의 2개 제안이 이루어졌다.

그런데 이때는 김대중 대통령이 북한을 방문하여 6·15공동선언을 발표하고 돌아온 지 얼마 지나지 않은 상황이었다. 따라서 대통령은 남북상황을 언급하는 데 많은 시간을 할애하였고, 자신이 생각하는 교육의 방향에 대해서도 언급하였다. 정작 위 안건에 대한 깊이 있는 토론은 길지 않았다. 그가 한 말은 대략 이러한 것이었다.

첫째, 21세기는 지식, 정보, 소프트웨어가 중요한 시대이다. 산업사회는 가고 지식정보사회가 온다. 이에 맞추어 우리나라 교육도 혁명적 변화가 필요하다. 다행히 우리는 교육열이 높고, 전통적인 문화 창조력도 우수하다. 예컨대, 중국에서 들어온 불교나 유교를 원효, 원측, 퇴계, 율곡과 같은 분들이 더욱 발전시켜 우리의 것으로 재창조했다. 그러니 우리 민족은 21세기를 위해 태어난 민족이라 볼 수도 있다. 우리는 이미 인터넷 이용자가 1,000만 명에 달한다. 교육개혁으로 정보강국, 지식강국으로 나아가야 한다. 그러면 세계 속의 1등 국가가 될 수 있을 것이다. 이런 전망에서 보면, 개방정책은 불가피한 면이 있다. 근대화의 시기에 우리는 쇄국정책을 펼친 바 있다. 만약 이때, 우리가 먼저 개국했다면 후손에게 일제강점과 전쟁이라는 고통을 주지 않았을 것이다.

둘째, 북한에 다녀온 것은 전적으로 나의 결정이다. 미국의 말을 들은 것이 아니다. 나는 미국에 갔었을 때도 햇볕정책의 당위성을 설명해 주었다. 남과 북이 잘되려면 함께 잘 지내야 한다. 북한의 선택은 세 가지가 있을 수 있다. 하나는 이판사판으로 전쟁을 일으키는 것이다. 다음은 현재대로 폐쇄적인 체제를 유지하는 것이다. 마지막은 중국이나 베트남처럼 개방하는 길이다. 그런데 첫째 방법은 곧 민족 공멸에 이르는 길이다. 첫째는 절대 안 된다. 둘째 방법은 그들에게 매우 어려운 길이 될 것이다. 따라서 나는 세 번째 방법을 원한다. 당장, 우리가 통일할 수는 없다. 그래서 현재 우리의 목표는 통일이 아니라, 공존과 평화라고 생각한다. 하지만 평화를 위해 강력한 국방력이 필요하다. 전쟁에 이길 수 없는 군대 없이 평화를 이야기할 수는 없다고 생각한다. 이런 상황과 정책을 잘 이해하고 통일교육도 해 주었으면 한다. 남북이 화해한다는 것은 결코 공산주의를 받아들이는 것이 아니다. 학생과 국민을 혼란에 빠뜨리지 말아야 한다.

마지막으로 내가 임기 중에 할 일은 인권국가, 경제적으로 세계일류국가, 생산적 복지국가를 이루는 일이라고 생각한다. 이를 위해 계층 간, 세대 간, 지역 간 화합을 도모하고, 남북관계 개선을 위해 노력하겠다.

여기서 보듯, 김대중 대통령은 전문대학원체제나 자립형 사립고와 같은 구체적인 교육정책에 대한 관심보다는 지식정보시대, 남북화해의 시대를 맞는 새로운 교육체제를 구상하고자 했다. 그러나 이상만 있었지 이를 실현하기 위한 구체적인 정책을 개발하지는 못했다. 5·31교육개혁안이 품고 있는 독소적 요인을 제대로 파악하지도 못했다.

그럼에도 불구하고, 이 정부가 교육분야에 많은 노력을 한 것도 사실이다. 당시, 비록 학교 붕괴와 같은 교육적 문제가 주요 뉴스가 되고, 교원의 정년을 65세에서 62세로 단축하여 많은 원성을 사기도 했지만, 학교시설에 대한 투자도 많았고 급여를 비롯한 교사의 복지여건도 많이 개선된 것은 인정할 만하다. 이후, 교육부를 교육인적자원부로 개편하여 평생교육의 관점으로 교육의 영역을 넓힌 것도 의미 있는 일이었다.

자립형 사립고, 의학과 법학분야에서의 전문대학원 도입 등 정책은 소위 '신지식인'을 기르겠다는 취지로 시행된 것으로 볼 수 있다.

다만, 이후의 시행과정에서는 그 뜻이 충분히 실현되지 못했다. 자립형 사립고 중 다수 학교가 입시 명문고로 변질되었고 사교육의 주된 이유가 되었다. 의학과 법학 대학원은 참여정부까지 진통을 겪으며 MB 정부로 이어졌고, 결국 기득권의 벽을 넘지 못하고 좌초될 위기에 처해 있다.

## □ 참여정부의 교육정책은 헛발질이었다

참여정부의 경우엔 교육정책에 관해서는 논쟁으로 시간만 허비했다. 문재인도 그의 책 □문재인의 운명□에서 지적했듯이, 교육정책에 관해서는 노무현 정부는 안타깝게도 제대로 이뤄 낸 것이 없다.[5] 학교생활기록부의 전산화(이른바 나이스시스템)에서 학생의 주요 정보가 노출될 우려가 있다는 전교조의 주장과 이를 무시하고 시행하려는 교육 관료가 대립했는데, 이 사이에서 참여정부는 방향을 잡지 못했다.

이후, 참여정부는 교육혁신위원회를 통해 수능등급을 5등급제로 한다거나 국립대학 네트워크를 만들겠다는 파격적인 정책방안을 추진했다. 교장선출보직제와 같은 전교조의 주장을 관철시켜 보고자 하기도 했다. 이와 반대로 교육 관료들은 일반 교사들의 반대에도 불구하고 교원평가제를 도입하려 하기도 했다.

그러나 참여정부의 정치적 기반은 약했고, 일반 시민과 교사들도 참여정부의 교육정책이 무엇인지 제대로 이해할 수 없었다. 참여정부

---

5) 문재인(2011). 262쪽.

에서는 절차적 정당성을 찾으려고 했는지 역시 대통령 자문기구였던 교육혁신위원회를 통해 수많은 논의를 했다. 하지만 제대로 결정하여 실행한 것은 없다. 위에서 언급한 정책들도 마찬가지였다.

결국, 수능등급은 5등급제보다는 훨씬 더 서열화된 9등급제로 정착되었고, 국립대학 네트워크와 교장선출보직제는 논쟁만 거듭될 뿐 전혀 시행될 수 없었다. 교원평가제도 무산되었다. 이는 애초 참여정부의 교육정책 방향 자체가 분명치 않았다는 데서 비롯된 문제였다. 보수적 교육 관료와 진보적 교육운동단체 사이에서 정권이 방향을 잡지 못했기 때문이었다.

## 2. 사람이 문제이다

### □ 교육 관료는 현장을 모른다

우리나라의 국가 수준 교육정책을 마련하고 집행하는 기관은 교육과학기술부이다. 과거에는 교육분야만 독립적으로 다루는 교육부, 노동과 평생교육을 아우르는 교육인적자원부의 명칭으로 있었지만, MB 정부에서는 과학기술분야를 통합하여 교육과학기술부가 되었다. 이 부처에서 교육정책 업무를 담당하는 사람들, 즉 교육 관료들을 알면 우리 교육문제가 더욱 꼬여 가는 이유를 이해할 수 있다.

이들은 모두 공무원들이다. 공무원은 공개적인 경쟁시험을 통해 선발되고 임용된다. 시험은 9급, 7급, 5급으로 나뉘어 있다. 9급과 7급으로 임용된 사람들도 중앙부처에서 근무할 수 있지만, 광화문 또는 과천정부청사에 있는 각 행정부에서 핵심정책을 입안하는 사람들은 아무래도 5급으로 임용된 사람들이다.

교육과학기술부도 다르지 않다. 그런데 이 시험은 대학 재학 또는 졸업 직후에도 합격할 수 있는 시험이다. 실제로 대부분의 합격자는 30대 초반 이하이다. 이들은 이처럼 젊은 나이에 5급 사무관으로 근무하기 시작한다. 이 사무관 직위는 7급 공무원으로 임용된 사람은 10년, 9급 공무원으로 임용된 사람은 20년이 지나도 해당 직위에 반드시 오른다는 보장이 없는 직위이다. 따라서 5급 시험에 합격한 사람들이 특권적 엘리트의식을 갖는 것은 당연하다.

그런데 이들이 학교 교육에 대해 갖고 있는 실제적 경험은 자신이 학생으로 초·중·고등학교를 다녔던 때가 전부이다. 이들은 학교에서 행정업무를 경험할 수가 없다. 초·중·고등학교의 행정업무를 총괄하는 가장 높은 직책의 행정실장 중 5급 사무관 직위로 임용될 수 있는 곳은 고등학교뿐이다. 초등학교와 중학교 행정실장은 7급 이상 주무관급이 임용된다. 그러니 5급 사무관으로 임용된 사람은 초등학교와 중학교는 애초에 경험할 수 없고, 고등학교만 경험이 가능하다. 그런데 실제로는 고등학교 행정실장을 경험할 가능성도 거의 없다. 이 자리에는 9급, 7급으로 임용되어 오랜 업무를 수행해 온 공무원들이 주로 임용된다. 학교업무를 책임지고 처리할 경험과 경륜이 필요하므로 학교도 이런 분들을 요청한다.

결국, 1만 개가 넘는 학교와 여타 교육기관을 관리하는 상부기관에서 업무를 시작하는 이들은 평생 학교 현장을 경험하지 않는다. 하지만 이들은 이후 다양한 업무를 처리하고 경력을 쌓으며 더 높은 직책을 갖게 되고 더 중요한 결정을 내릴 위치에 이른다. 학교 현장이 돌아가는 현실과는 더욱 멀어지는데 말이다.

물론, 이들은 개인적으로 훌륭하고 업무능력이 뛰어날 수 있다. 대다수의 선량한 공무원이 그렇듯이, 밤늦게까지 열심히 근무하면서 공정하고 현명한 결정을 내리려고 노력한다. 이들이 의도적으로 잘못된 정책을 만들고 집행한다고 단정할 수는 없다. 하지만 이들이 갖는 경험의 한계로 인해 교육 현장을 제대로 바꿀 수 있는 정책을 만들어 내고 집행하지 못하는 것이다.[6]

교사 출신의 장학사와 연구사도 있지 않느냐고 반문할 수도 있겠다. 하지만 이들은 교육과학기술부라는 중앙부처에서는 직위가 너무 낮아 중요한 의사결정에 참여한다고 보기 어렵다. 이들은 주로 시·도 교육청에서 근무하면서 해당 교육청 차원의 정책을 만들고 집행하는 편이다.

그러나 학교 현장의 교사들은 장학사와 연구사들이 결정하고 집행하는 행정에 대해서도 불만이 많다. 이들은 과거에는 동료 교사였을지 몰라도 아이들을 가르치는 일보다는 교감, 교장과 같은 학교 행정 관리자로 승진하는 데 관심이 많았던 사람이다. 즉, 출세 지향적인 사람들이다. 따라서 이들은 교육행정직으로 진출하면 오히려 교육 관료보다 더 관료적 성향을 드러내기도 한다.

장학사, 연구사가 되는 방법 역시 교사 간의 공채 시험인데, 여기에 합격하여 이 길로 들어선 사람은 다시는 수업을 담당하는 교사로 돌아오지 않는다. 따라서 이들도 이때부터 같은 집단끼리 교류하며

---

6) 이러한 문제점을 인정해서 MB 정부는 민간경력자를 대상으로 하는 5급 채용을 시행하고 확대하고 있다. 2012년에는 모두 108명을 채용한다고 한다(한국경제신문. 2012.03. 29). 하지만 관료사회의 변화를 가져오기에는 미미한 수준이다.

폐쇄적 공동체를 형성한다. 개구리가 올챙이 시절 생각 못 한다는 속 담처럼, 이들은 관료가 되어 학교와 교사를 관리하게 된다.

## □ 연구자, 교수도 다르지 않다

학교 교육과 관련하여 국가 수준의 정책을 연구하여 제시하는 연구소로는 한국교육개발원, 교육과정평가원, 직업능력개발원, 과학창의재단 등이 있다. 여기에 연구원으로 근무하는 사람들은 대체로 교육학 내지 관련된 학과의 박사학위를 획득한 사람들이다. 과거에는 박사학위 없이도 연구원으로 봉직했던 사람들이 있었지만, 최근에는 입직 조건으로 박사학위를 요구한다. 또한 경쟁도 매우 치열해져서 국내 대학에서 학위를 취득한 사람들은 합격하기 어렵고 외국에서 박사학위를 받은 사람이 채용되는 추세이다. 그러니 학교 현장을 모르기는 관료와 다르지 않다.

이들은 이런 연구소에서 한 해에 10여 편에 이르는 정책보고서를 만들어 낸다. 단독 연구는 드물고, 대부분 같은 연구소나 외부 연구소의 직원들과 공동연구를 수행한다. 그런데 이 보고서의 주제는 교과부의 관료가 필요로 하는 정책이 대부분이다. 관료의 필요에 의해 정책 연구의 주제가 결정되기 때문이다. 이런 연구소의 원장이 관료의 영향력 아래 있기 때문이기도 하다.

이런 국책연구소 원장의 임기는 3년 정도이지만, 정권이 바뀌면 사임해야 하는 상황이 벌어지기도 한다. 원장은 당연히 공모에 의해 모집되며, 형식적으로는 충분한 심의를 거쳐 공정하게 임명된다. 하지만 결국은 정권에 밀착된 인사가 원장으로 취임되는 것이 상례이다.

따라서 원장들은 정권이 추구하는 교육적 지향성을 반영한다. 이런 연구를 직원들에게도 요구한다. 연구원들은 이 같은 연구 풍토에 길들여진다. 객관적이거나 중립적인 연구, 참신한 연구를 기대하기 어려운 이유이다.

많은 연구원들이 기회와 조건만 맞는다면 언제든 대학교수로 이직하기를 희망한다. 이들에게 연구원은 대학교수가 되기 위한 징검다리일 뿐이다. 따라서 이들은 원장, 동료 연구원, 대학교수, 관료들에게 잘못 보이는 것을 두려워한다. 원장이나 교육 관료가 요구하는 연구를 충실히 수행하는 것이 좋다고 생각한다. 심지어, 연구 결과를 주문자의 입맛에 맞게 가공하기도 한다.

이런 연구원 출신이 대부분인 대학교수도 학교 현장을 모른다. 대학교수 중에는 교육과학기술부의 관료 출신도 꽤 많다. 교과부는 초·중등 교육뿐 아니라 고등교육분야인 대학과 대학원도 관리한다. 우리나라처럼 대학의 재정이 허약하고, 국가의 권한이 대학 행정의 곳곳에 영향을 미치는 곳에서는 대학 총장, 교수, 교직원 모두 교과부의 눈치를 볼 수밖에 없다. 특히, 아쉬운 상황에 있는 대학의 총장은 이 부처의 과장은 물론이고 사무관을 만나 이야기하는 일조차 쉽지 않다.

따라서 대학의 입장에서는 교과부와 끈을 갖고 있는 교수가 필요하다. 대부분의 대학에는 사범대학이나 교육대학원이 있어서 교육정책, 교육행정 등을 담당하는 교수를 선발할 명분이 있다. 여기에 적절한 사람이 퇴임 관료들이다. 이런 채용은 과거에도 있었지만 특히, 참여정부와 MB 정부 들어 많아졌다. 결과적으로, 현재 웬만한 대학에는 관료 출신의 교수들이 한두 명씩은 자리를 잡고 있다.

이처럼 교육정책을 연구하는 연구자나 대학의 교수들은 이미 정부의 직접적인 영향력 아래 있거나 유착 관계에 있다. 반면, 초·중·고 학교 현장과는 심각하게 유리되어 있다. 교육 관련 정책연구소의 연구원, 대학교수 가운데 학교 현장에서 교사로 근무한 경험이 있거나, 그들의 연구년을 학교에서 보내는 사람은 손에 꼽을 정도로 적다.

MB 정부에서는 대학교육협의회(대교협)에게 대학 입학 전형의 큰 틀을 제안하고 만들 것을 요청하기도 했다. 이 기구가 이런 역할을 할 수 있는지 없는지 보통의 시민으로서는 판단이 어려울 것이다. 대교협을 잘 모르기 때문이다. 내가 보기에, 대교협에 이를 기대하는 것 역시, 현실을 모르는 발상이다. 대교협은 대학 총장들로 이루어진 협의체일 뿐이다. 그런데 이 총장들은 각 대학의 사정에 따라 이해관계가 매우 다르다. 결국, 주요 대학을 중심으로 회장단이 만들어진다. 그리고 이들이 대교협을 대표한다. 따라서 이들이 대학 전체는 물론이고, 사회 일반이 합의할 수 있는 공정한 입학정책방안을 만들어 내기는 처음부터 어려운 일이다.

이런 임기를 갖는 회장이나 사무총장 외에도 대교협 내에는 상시적으로 근무하는 연구원과 직원들이 있기는 하다. 하지만 이들은 앞서 언급한 국책연구소의 연구원보다도 공정한 연구와 정책 제안을 만들기 어려운 사정에 있다. 이들은 국가 수준의 정책 연구원 신분도 아니다. 오직 대학 총장 간의 연합체라는 이익단체에 소속된 직원일 뿐이다. 이익단체라는 표현이 지나치다고 생각될 수도 있지만, 사실이 그러하다. 여기서 국가 수준의 중립적, 자율적, 미래 지향적 정책 제안이 나오기는 어렵다는 것이 내가 경험한 대교협의 현재이다.

결국, 교육 관련 연구소, 교수, 기관과 단체에 대해서도 교육 현장에 실제적 혁신을 몰고 올 정책 대안을 기대하기는 어렵다는 것이 내 판단이다. 그렇다면 현장 교사는 어떠한가?

## □ 교사는 교육정책에 냉소적이거나 힘이 없다

대부분의 교사는 교육정책에 불만이 많다. 학교 현장을 잘 모르는 연구자, 관료들이 학교를 망치는 정책을 남발한다고 분개한다. 이런 불만은 현 MB 정부에 대해서만 그런 것이 아니다. 이는 어쩌면 국가 수준 교육정책에 대한 교사들의 기본적인 태도이다. 그러나 불만을 넘어 대안을 만들지 못한다는 점에서 한계가 있다.

개별 교사는 학교 현장에서 수업하고 학생들을 지도하느라 바쁘다. 국가적 차원의 교육정책이 자신들을 힘들게 하고, 힘든 것을 떠나 비교육적이거나 반교육적이라 느끼지만, 자신들은 어쩔 도리가 없다고 생각한다. 교사로서는 제시되는 교육정책에 대한 불만을 표출할 수는 있어도 대안을 제시할 능력과 권한이 없다. 이렇게 할 수 있는 경험을 쌓지도 못했다.

여기서 이런 개별 교사의 불만을 넘어 대안을 제시할 조직이 필요함을 알 수 있다. 현재, 교원단체총연합회(교총)와 전국교직원노조(전교조)는 여기에 해당하는 대표적 조직체로 볼 수 있다. 그렇지만 두 단체 모두 교육 현장을 실제로 변화시킬 수 있는 교육정책을 제안할 능력이 역시 부족하다.

교총은 교장, 교감을 비롯한 학교 내 권력층과 보수 성향 교사를 대변하는 교직단체이다. 보수적인 성향만큼, 교육혁신에 대해서도 보수적이다. 반면에 전교조는 1989년 비합법 상태의 출범부터 진보 성향을 가진 노동조합이다. 하지만 진보적이라 하여 대안을 갖고 있는 것은 아니다. 현재의 전교조는 학생을 위한 참교육운동보다는 교사를 위한 노동조합운동을 지향하고 있다. 정부의 교육정책에 대한 반대는 잘 하지만, 현실적인 대안을 제시하지는 못한다.

교사 집단에겐 이 두 단체 이외에는 별다른 조직체가 없다. 국어, 역사, 과학 등 교과별 연구회는 있지만 해당 교과를 잘 가르치기 위한 모임에 불과하다. 교무부장, 연구부장 들의 협의체가 있지만 역시 상부의 지시를 해석하는 수준에 그친다. 안타깝지만, 현재 교사들에게 국가나 해당 교육청 수준에서 시행될 정책을 논의하고 제안하는 구조는 만들어져 있지 않다.

## □ 학부모는 내 아이만 생각하기 쉽다

우리나라의 학부모들은 누구라도 충분히 자식을 위해 이사하는 맹모삼천지교를 단행할 수 있을 것이다. 자녀의 교육을 위해서는 자신의 불편함을 기꺼이 감수한다. 30대와 40대의 부부가 어떤 지역에 그대로 살거나, 다른 지역으로 이사하는 이유 가운데 1순위 내지 2순위는 대체로 자녀의 교육일 것이다. 심지어, 국내에서 이 문제가 풀리지 않는다면 이민을 가거나, 아이를 교환학생이나 유학생으로 보낸다.

이런 부모이지만, 이들 역시 국가 수준, 교육청 수준 교육정책에 대해서는 쓴소리와 단소리 내는 수준을 넘어서지 못한다. 어린이집, 유치원, 학교를 다니는 자녀를 둔 어머니들이 모이면 자녀 교육에 대한 이야기가 꽃을 피운다. 이런 이야기를 통해 여러 가지 교육정보가 교환된다. 그리고 교육정책에 대한 불만도 공감대를 형성한다. 하지만 이것이 좀처럼 공적인 토론, 공적인 제안으로 연결되지는 않는다.

학부모 단체라고 하여, 정부의 교육정책에 대해 비판을 하거나 조언을 하는 그룹도 있기는 하지만 실체는 미약한 조직체이다. 얼마 되지 않는 구성원들이 모여 교육과 관련한 사회적 발언을 내놓는 일을 하고 있을 뿐이다. 더 정확하게는 교육에 대한 특정한 견해를 가진 몇몇 명망가들이 운영하는 조직체에 불과하다.

우리는 자기 자신이나 자녀의 교육문제에는 민감하다. 본인과 자녀를 위해서라면 많은 비용을 들어가는 사교육, 교환학생, 유학을 마다하지 않는다. 그리고 교육정책에 대한 공분을 함께 토로하는 데도 익숙하다. 하지만 교육에 대한 공적 토론과 사회적이며 정책적인 대안을 내는 데는 낯설다. 이런 방식으로는 우리 교육의 미래가 어둡다. 나아가 우리 사회의 미래도 암울하다.

학부모가 아닌 의식 있는 시민의 입장으로 돌아가야 한다. 학교가 왜 이런 어려움을 겪고 있는지를 이유를 분석하고, 대안으로 어떤 교육체제를 구축하면 좋을지 생각해야 한다. 시민이 교육에 대한 이런 공적인 고민과 토론을 해 주어야 학교가 바뀐다. 그리고 학교가 바뀌어야 대한민국이 바뀐다.

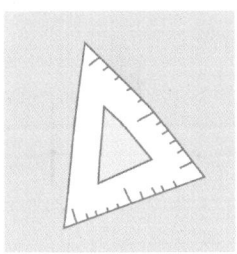

# Part 2

## 새로운
## 고등학교
## 이렇게
## 만든다

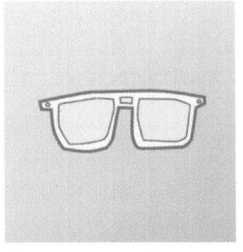

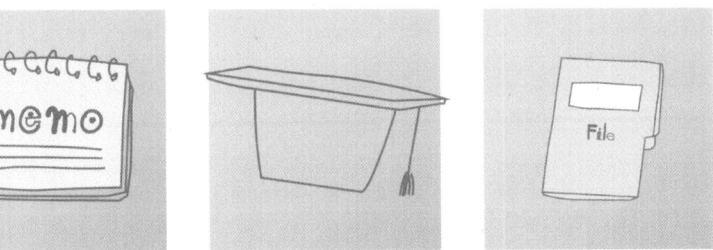

# I. 한 반에 스무 명이 공부한다

문제 많은 지금의 고등학교를 혁신하여 한울고와 같은 새로운 고등학교로 만드는 방안은 무엇인가? 무엇을 바꾸어야 하며, 어떻게 바꾸어야 하는가?

우선, 한울고에서 보듯, 새로운 고등학교 한 반의 학생 수는 스무 명으로 하자. 이 정도의 적은 인원이라야 배움과 가르침에 있어 사각지대가 발생하지 않는다. 최근 부각되고 있는 학교 폭력이나 따돌림의 문제도 사라질 수 있다. 우리나라 학부모의 가장 큰 부담인 과도한 사교육비도 대폭 감소할 수 있다.

## □ 한 반, 20명이 왜 좋은가?

고등학교를 다녔던 시기로 돌아가 보자. 교실에는 몇 명의 학생이 있었나? 시대에 따라 다르겠지만, 내가 처음 고등학교 교사로 발령 났던 1992년에는 한 반에 56명이 있었다. 당시에 이렇게 많은 학생들을 놓고 어떻게 수업했는지, 지금 생각해 보면 어이가 없다. 2명씩 짝을 지어 한 열을 8명씩으로 해서 7줄로 학생들이 앉아 있었다. 게다가 이 학교는 남학교였으므로, 덩치 큰 남학생들이 한 교실을 가득 메우고 있었다. 많은 선생님들이 엄격한 방식으로 수업을 했다. 학교의 전체적 분위기 자체도 군대와 같은 면이 많았다. 한 교실을 가득 메운 학생들을 떠들지 못하게 하고, 딴짓 못 하게 하려니 그랬던 것이다.

내가 고등학교를 다니던 1980년대를 기억해 보면 학생들이 앉았던 대형은 다르지 않았던 것 같다. 하지만 인원은 더 많았다. 당시에는 키 순서로 번호를 정해 작은 학생들은 앞에 앉고 큰 학생들은 뒤에 앉았다. 나는 키가 중간 정도여서 고등학교 2학년 때의 번호가 34번이었기에 교실 중간에 앉았다. 하지만 큰 친구들은 62번이나 63번의 번호였고 맨 뒤에 앉아 무게를 잡고 있었던 기억이 난다. 그러니 당시는 60명이 넘는 학생들이 한 교실에 있었던 것이다. 인원이 이 정도로 많으니, 당시의 선생님들은 학생들을 키 순서에 따라 번호를 정하여 차례차례 앉게 함으로써 통제를 보다 쉽게 하고자 했으리라 생각한다.

고등학교에서 학급당 학생 수가 크게 준 때는 1990년대 후반과 2000년대 초반, 소위 '교실 붕괴' 문제가 부각된 이후였다. 당시에 신세대 또는 X세대로 불리던 학생들은 어느새 30대에 이렀다. 지금과 크게 다르지 않은 당시의 학교 구조에서 이들이 수업시간에 잠을 자거나 떠드는 문제가 심각했다. 또한, 따돌림이나 폭력사건이 줄을 이었고, 심지어 교사를 폭행하는 사건도 많았다. 이를 총체적으로 표현한 말이 '교실 붕괴'였는데, 이에 대해 당시 김대중 정부가 내린 조치 가운데 하나가 학급당 학생 수를 줄이는 것이었다. 얼마의 기간이 소요되었지만, 이후 한 학급의 학생 수는 40명보다 적은 수준으로 유지되었다.

내가 2004년 여학교에 근무할 때는 한 학급에 36명의 학생이 있었는데, 당시엔 이 정도면 수업할 만하다는 생각을 감히 하기도 했다. 두 명씩 짝을 지어도 한 열은 6명이고 6줄로 자리를 배치할 수 있었다. 창가나 복도 쪽 벽에 완전히 밀착하여 앉지 않아도 되고, 학생들이 모두 앉아도 교실 뒤 사물함이 있는 공간까지는 꽤 여유가 있어, 비가 오는 날엔 학생들의 우산을 모두 펼쳐 말리는 것도 가능했다. 이런 상황에서는 학생들끼리 모둠을 이루어 수업하는 방식도 적용할 수 있었다. 4명을 한 모둠으로 하면 9개, 6명을 한 모둠으로 하면 6개의 모둠을 만들 수 있었다. 또한 시험을 볼 경우엔, 최대한 자리를 넓게 벌려 한 교실에서 36명 모두가 시험을 봐도 감독을 하는 데 큰 어려움이 없었다.

2012년 현재, 나는 남녀공학이지만 남학생과 여학생이 분리되어 있는 학교에 근무하고 있다. 그런데 지금의 교실에서 학생 수는 오히려 더 증가했다. 나는 2학년 담임을 하고 있는데, 내가 담임인 학급은 남학생으로 37명이지만, 다른 반은 그렇지 않다. 내가 수업하는 인문계 여덟 반 가운데 네 반은 남학생, 다른 네 반은 여학생 반이다. 그런데 남학생 학급 중 내가 담임하고 있는 반과 옆 반만 37명, 38명이고, 나머지 여섯 반은 모두 40명이 넘는다. 이러한 학급당 학생 수의 차이는 학생들의 좌석 배치에서 융통성을 없게 한다. 우리 반과 이웃

반 남학생 교실은 학생들이 짝 없이 6열, 6~7줄로 앉아 있다. 그런데 40명이 넘는 학급은 짝을 정해 8열 5~6줄로 앉아 있다. 이들 학급의 선생님은 학생들이 떠들고 공부하지 않아 좌석 배치를 다르게 해보려 해도 다른 방법이 없다며 투덜거린다.

왜 2004년보다 2012년 현재의 학급당 학생 수가 더 많은 것일까? 학교 현장을 몇 년간 떠나 있던 나는 그 이유가 궁금해서 몇몇 선생님들께 물어봤다. 대부분 선생님들은 자사고, 특성화고, 자공고 때문이라고 대답했다. 지역의 학생 수는 정해져 있는데, 우선 선발권을 가진 이들 학교에서 단지 우수한 학생들만 먼저 뽑아 가는 것에 그치지 않고, 예전보다 적은 인원인 학급당 25~30명 수준으로 선발하니 그렇다는 것이다. 이들 학교에 진학한 소수의 우수 학생들을 제외하고, 남은 학생들은 모두 일반고에 배정하는데, 학급 수는 전혀 늘리지 않고 이들을 무조건 수용하라고 하니 학급당 학생 수가 늘었다는 것이다. 일반고의 상황은 잔칫상에 차려진 반찬이나 밥은 그대로인데, 숟가락 숫자만 늘려 놓은 것과 다름이 없는 것이었다.

어떤 정책이 미칠 전체적인 영향은 고려하지 않고, 자신들이 생색내고 싶은 어떤 정책의 성공 모델을 만드는 데만 급급한 교육정책 담당자들에게 화가 치밀어 올랐다. 이들이 자사고, 자공고, 특성화고의 성공 모델을 만들어 내려고, 다수의 일반 학생이 다니는 일반고는 어떻게 되든 말든 관심을 갖지 않았던 것이다. 국가 수준 또는 서울시 수준에서 교육정책을 수립하는 사람들이 이처럼 협소한 사고로 실적 위주의 정책만을 만들어 내니 여기저기 땜질한 흔적만 남은 헌 그릇과 같은 교육 현실이 펼쳐지고 있는 것이다.

이런 정책을 만드는 사람들은 교실의 크기가 얼마나 되는지 잘 알고 있을까? 과연 숟가락 숫자만 늘려 놓듯이 계속 학생들을 받아도 고등학교는 유지될 수 있다고 생각하는지 궁금하다. 예전에 60명도 수용했으니 교실 크기엔 문제가 없다고 믿는지 궁금하다. 고등학교 시절을 연상하며, 그 크기를 한번 추측해 보자.

30평대 아파트에 거주하는 사람이라면, 아파트의 모든 방과 거실을 합친 정도의 크기가 아닐까 생각할지 모르겠다. 하지만 틀렸다. 실제로는 이보다도 작다. 대부분 고등학교 교실은 표준화되어 있으므로 내가 근무하는 학교의 교실을 실제로 재 보았다. 실측을 해 보니, 가로 7.5m, 세로 9m로 평방미터로는 67.5㎡이다. 이를 평수로 환산하면 약 20평 남짓의 크기이다. 그런데 30평대 아파트의 실제 평수가 25평 남짓임을 감안한다면, 교실은 이보다도 작다는 것을 알 수 있다.

이 정도 크기의 공간에 1990년대 후반에 태어나 성장한 고등학생 40명을 하루 종일 앉혀 놓고 있는 것이다. 이들 학생의 몸에 쥐가 나는 것은 당연하다. 그래도 대부분 학생들은 잘 버텨 내고 있다. 공부를 하건 안 하건 앉아 있고 학교는 돌아간다. 그러나 이런 곳은 수용소이지 학교가 아니다.

억지로 버티는 것이라면 1980년대처럼 60명을 한 반으로 운영해도 못 할 것은 없다. 과거에도 그렇게 했으니 말이다. 그러나 지금, 이 시대에 정말로 이런 고등학교가 있다면 과연 어떤 학부모가 자녀를 이 학교에 보내겠는가? 학생들 대다수도 도저히 못 다니겠다며 고개를 흔들 것이다. 그런데 지금 상황이 이 상황과 다른 것이 결코 아니다. 이미 많은 학생들이 참을 수 없음을 호소한다. 핸드폰과 잠에 의지해 하루하루를 버텨 내고 있다. 폭력이 일어나고 따돌림이 일어나고 심지어 자살한다. 이미 한계에 봉착한 것이다.

많은 일이 그러하듯, 우리 교육에 대한 고민과 결정은 지금, 여기서의 판단이어야 한다. 2012년, 우리 사회를 기준으로 생각해 보자. 그리고 앞으로 10년, 20년 후를 생각해 보자. 언제까지 한 교실에 40명씩 앉아 있도록 강요할 것인가? 옛날은 더 심했으니, 그냥 참고 공부나 하라고 요구하며 묵살만 할 것인가? 아니다. 이는 우리 사회가 저지르는 고등학생에 대한 억압과 강제이며, 무관심이다. 학생들을 이해하고 사랑한다면 더 이상 놔두면 안 된다.

어서 빨리 학생 수를 지금의 절반 수준인 20명으로 줄여야 한다.[7] 학생들이 호소하는 고통과 괴로움의 소리에 귀를 기울여야 한다. 이런 교실을 만드는 일은 G20 의장국이라고 자랑하는 우리 사회의 수준을 고려할 때, 결코 호사스러운 일이 아니다. 어디 다른 나라, 심지어 우리보다 경제적 사정이 어려운 나라라고 해도 우리의 교실 여건보다 못한 곳이 있는지 찾아보라. 찾지 못할 것이다.

다시 말하지만, 어른들이 학생에 대한 관심과 애정 없이, 과거에는 이보다 더 했다는 식의 옛날이야기만 늘어놓지 말자. 20명이 앉아 있어야 하는 공간에 그 2배의 인원을 앉혀 놓고 억지 공부를 강요하지 말자.

지금의 교실에 20명이 앉아 있는 수업의 장면을 상상해 보자. 교사가 설명하는 수업이라면 4열씩 5줄, 5열씩 4줄로 앉을 수도 있고, 모둠 간의 협력수업이라면 4명, 5명씩 모둠을 이루어 앉을 수도 있다. 모든 학생들이 함께 이야기하는 수업이라면 'ㄷ'자로 배치하여 한 사

---

7) 이기정(2011)도 학급당 학생 수 20명을 주장한 바 있다. 나 또한 학급당 20명의 학생이 적정하다고 생각한다. 그런데 그는 교실을 둘로 쪼개자고 제안한다. 내 생각으로는 꼭 그럴 필요는 없다. 이제 이야기하겠지만, 학생 수가 감소할 것이고, 교육과정 개정으로 수업 시수를 줄이고, 학교의 숨은 공간을 찾아내면 된다.

람, 한 사람의 의견을 들어 가면서 수업이 이루어질 수도 있다.

이런 교실 환경이라면 학생들이 지금보다 훨씬 여유 있게 생활하고 공부할 수 있다. 인원이 적고 공간이 넓으니 스트레스를 적게 받아 싸울 일도 거의 없다. 따돌림 시키거나 당할 일도 적어진다. 선생님의 눈을 피해 핸드폰을 하거나 잠을 자기도 어렵다. 선생님들도 학생 모두의 상황을 잘 알고, 인간적인 의사소통이 가능할 테니, 학생의 이름을 불러 가며 인격적인 수업을 할 수 있다.

이 일은 어려운 일이 아니다. 매우 쉬운 일이다. 이것이 안 되고 있는 이유는 다시 말하지만, 어른들의 애정과 관심의 부족 때문이다. 왜 이 일이 쉬운 일인지, 이 일이 어떻게 가능한지 함께 살펴보자.

## □ 학교의 숨은 공간을 찾아라

일단, 물리적으로 교실 공간을 확보할 수 있는지가 궁금할 것이다. 놀랍게도, 현재의 학교시설과 공간으로도 가능하다. 다만, 공간을 새롭게 구획하는 공사가 필요할 뿐이다. 현재의 시설을 알뜰히 이용한다면 한 반을 20명으로 하는 고등학교를 만들 수 있다. 여기에 국가적으로 큰 의지를 갖고 고등학교마다 전교생의 삼분의 일, 그러니까 한 학년 정도의 학생이 모두 들어갈 수 있는 큰 도서관을 하나씩 마련해 주면 공간의 문제는 완전히 해결된다. 그런데 도서관 문제는 잠시 접어 두고, 현재의 학교 건물 내에서도 어떻게 20명으로 이루어진 학급을 만들 수 있는지 생각해 보자.

지금의 학교는 학급 수만큼의 교실 공간을 갖고 있다. 이 교실 수에 맞추어 학급을 책정하고, 전체 학생을 나누어 교실에 배정한다. 따라서 지금의 학교는 학생을 중심에 놓고 교실을 배정한다기보다는 교실에 맞추어 학생을 배정하고 있는 것이다. 그 결과, 지금의 학급 교실 체제에서는 각 학급의 교실엔 40명에 이르는 학생이 빽빽하게 앉아 있지만, 다른 특별실은 비어 있다.

내가 근무한 바 있는 보통의 고등학교 한 곳을 기준으로 이야기해 보자. 이 학교의 전체 교실은 36개이며, 과학실, 컴퓨터실, 가사실습 실, 미술실, 음악실 등 특별실은 10개가 있다. 이 밖에도 자율 학습실 2곳이 있고, 작은 규모의 도서실이 하나 있다. 학생을 위한 공간 말고 도 선생님이 근무하는 교무실도 여러 개 있다. 1층에는 교실 1.5배 크 기의 교무실이 있는데, 여기에는 교감을 비롯하여 30명 정도의 선생 님들 자리가 있다. 각 층에는 교실보다 작은 규모로 5~8명의 선생님 이 근무하는 교무실이 또 있다. 이 밖에도 별도 건물로 체육관, 수영 장 등 시설이 있다. 교실 이외에도 많은 빈 공간이 있는 것이다.

모든 수업이 교실에서 이루어진다고 가정해 보자. 그러면 같은 시 간대에 특별실, 자율 학습실, 도서실, 체육관 등은 다 비어 있음을 알 수 있다. 교무실에도 수업에 들어간 선생님을 제외하고는 사람이 많 지 않다. 이처럼 같은 시간대를 기준으로 비어 있는 숨은 공간을 모 두 찾아보자. 그리고 이런 공간에 모두 학생을 20명씩 배치한다고 생 각해 보자.

숨어 있는 공간의 크기가 모두 교실 크기가 되지는 않겠지만, 20명 의 학생과 선생님 1분이 함께 있을 수 있는 공간을 60곳 이상 찾아낼 수 있다. 그러면 내가 말하는 20명을 한 학급으로 하는 일이 가능해 진다. 현재의 36학급, 학급당 40명의 인원을 20명씩으로 나누려면 72 곳의 공간이 필요하지만, 앞서 언급한 문제를 해결하여 자사고, 자공고, 특성화고에도 더 많은 학생을 선발하고, 일반계 고등학교에는 지금보다 학생 수를 줄여 배정한다면 60곳이면 충분하다. 더구나 학생 수는 해마다 차츰 줄고 있지 않은가?

그러므로 이 일은 시·도 교육청이나 국가 차원에서의 판단이 매우 중요하다. 그런데 시민이 요구하면 이들이 하지 않을 수 없다. 그러니 우선, 학급당 학생 수를 줄이기 위해, 모든 고등학교에서는 숨은 공간을 찾아내 보자. 20명이 하나의 학급을 이루어 수업할 수 있음을 보여 주자. 그리고 정부와 교육청의 결단을 촉구하자.

## □ 도서관을 잘 만들자

그런데 억지로 학생들을 20명씩 맞추어 학급을 구성하는 것이 너무 기계적으로 보일 수도 있다. 억지로 자투리 공간을 교실로 만들었다면 어떤 학교의 교실 여건은 너무 열악할 수 있다. 이를 보완할 수 있는 시설을 차제에 모든 고등학교에 지어 주자. 바로 도서관이다. 그것도 최고 수준의 도서관이다.

고등학교에 도서관이 어느 정도로 필요한지를 생각해 보자. 솔직히, 지금의 고등학교체제에서는 한 학년 정도를 수용할 수 있는 도서관이 필요하지는 않다. 물론, 있어서 나쁠 것은 없다. 이런 큰 도서관이 있다면 대학 진학 실적에 목을 매는 교장이나 교감은 3학년 전체를 수용하여 밤늦게까지 강제 학습을 시키려 할 것이다. 하지만 내가 원하는 도서관은 이런 것이 결코 아니다.

대학처럼 넓은 캠퍼스와 많은 건물이 있는 곳에서는 수업이 없는 시간에 학생들이 머무를 공간이 충분하다. 성인이 된 학생들에게 특별한 관리나 감독도 필요하지는 않다. 그런데 고등학교는 그렇지 못하다. 캠퍼스와 건물도 대학에 비해 적고, 미성년자인 학생들을 자유롭게 내버려 두기에는 불안하다. 따라서 고등학생이 한울고의 학생처럼 하루에 5시간만 수업하고, 2시간 정도 자습을 해야 한다면 이들을 수용할 쾌적한 공간이 필요하다.

이를 위한 공간이 바로 도서관이다. 학생들은 여기서 스스로 공부하고, 책을 읽고, 컴퓨터를 사용하여 검색을 하거나 작업을 할 수도 있다. 따라서 도서관에는 많은 책과 전자 자료가 풍성하게 구비되어 있어야 한다. 모둠활동을 할 수 있는 공간이나 카페도 있어야 한다. 학생들이 수업이 없는 시간과 방과 후에 즐거운 마음으로 이용할 수 있는 공간이 조성되어야 한다.

핀란드의 아르벤빠 고등학교는 건물 한가운데 광장을 중심으로 방사형으로 영역별로 분리된 교실들이 연결되어 있다고 한다. 이 광장에서 학생과 교사들은 소통하며 휴식을 취하기도 한다. 이러한 구조를 차용한다면, 내가 제안하는 고등학교의 이상적인 시설은 건물의 중심에 도서관이 있는 것이다. 학생들이 수시로 도서관을 이용하고, 교실로 이동해야 하므로 도서관이 학교의 중심에 있어야 한다.

이런 생각을 실현한 도서관으로 국내의 사례는 지평선 고등학교가 있다. 이 학교는 전북 김제에 있는 인가형 대안학교로 중·고등학교가 같은 공간 안에 있다. 2012년 5월 '지혜의 숲'이라는 이름으로 개관한 이 학교의 도서관은 중학교와 고등학교를 연결하는 통로의 빈 공간에 원형으로 만들어졌다. 주 기둥은 나무줄기를 형상화한 것으로 건축가 고 정기용 전 성균관대 석좌교수가 설계한 것이라 한다.

이를 보도한 동아일보 2012년 5월 10일자 기사에 의하면, 도서관은 지붕 한가운데 동그란 유리 천장을 비롯해 곳곳에 자연 채광창을 내놓았다. 또한, 자작나무로 짠 서가와 책상이 곡선으로 배치되어, 도서관은 둥근 품 안에 학생들을 품고 있는 느낌이다. 장서는 모두 7만 권에 달한다고 하니, 학생들이 편안한 공간에서 깊이 있게 공부할 수 있는 최적의 조건을 갖춘 셈이다.

학교마다 이런 도서관을 짓는 것은 좋지만, 비용을 우려하는 독자도 있을 것이다. 나는 이를 당장 짓자고 주장하는 것은 아니다. 이것이 없다면 교실에서 자습해도 된다. 그러나 천천히 짓더라도 모든 학교에 이처럼 좋은 도서관이 하나씩 있어야 한다는 생각은 변함이 없다. 시간이 걸리고 비용이 많이 들더라도 학교에 꼭 필요한 시설이므로 만들어야 한다.

지금, 대부분 고등학교에는 체육관이 있다. 또한, 대부분 고등학교가 OHP를 통해 각종 영상자료를 시청할 수 있는 장비를 교실마다 갖추고 있다. 이것들도 과거부터 있었던 것이 아니다. 교육적으로 꼭 필요하다는 판단에 의해 비용이 들더라도 갖추려 했기에 이런 시설이 갖추어진 것이다.

이제는 도서관이다. 학교의 중앙에 위치한 최적의 학습 공간으로서 도서관이 새로운 고등학교 변화의 상징이 되어야 한다. 모든 고등학교에 이런 도서관이 들어선다면 우리 사회가 새로운 고등학교체제를 갖추었다고 선언해도 된다. 도서관을 통해 우리 사회가 학생들에게 관심과 애정이 있음을 증명해 보였으면 좋겠다.

<궁금해요! 철샘>

☞ **20명이 한 학급을 이루려면 선생님도 지금보다 훨씬 더 많이 필요한 거 아닌가요?**

네. 더 필요합니다. 그러나 아주 많은 선생님이 필요하지는 않습니다. 한울고등학교처럼 54개의 학급이 만들어졌다고 해 보죠. 학급당 한 분의 선생님이 있어야 한다면 적어도 54분의 선생님이 필요합니다. 만약 초등학교처럼 한 선생님이 학급 학생들을 모두 지도할 수 있다면, 조금 더 여유 있게 60명의 선생님만 있으면 학교가 유지될 겁니다. 그러나 고등학교는 초등학교가 아니죠. 따라서 지금의 교육과정을 운영하려면 필요한 선생님의 수는 54개 학급의 2배인 약 108명의 선생님이 필요할 겁니다.

그런데 실제로는 이렇게 많은 숫자를 요청하지는 않습니다. 교육과정을 바꾸면 수업시수가 줄기 때문입니다. 그러면 앞서 한울고 사례처럼, 71명의 교사에서 불과 8명이 증가한 79명으로 충분합니다. 우려하는 만큼 교사의 수가 대폭 증가하지는 않는다는 것을 알 수 있습니다. 이 정도 인원의 새로운 교사를 선발하기 위해 소요되는 비용은 학교의 숨은 공간을 찾아 교실을 만들고 도서관을 지어 주는 비용과 더불어 우리가 들여야 하는 최소한의 비용이라고 저는 생각합니다.

여기서 교육과정을 바꾸는 것이 중요하다는 점을 눈치채시 겠죠. 네. 매우 중요합니다.

☞ 다시 말씀해 주세요. 학생 20명이 한 학급을 이루는 것이 꼭 필요한가요? 무엇이 그렇게 좋은가요?

매우 필요한 일입니다. 그리고 좋은 점이 너무나 많아서 손에 꼽을 수가 없을 정도입니다. 현재처럼 40명에 이르는 학생이 한 교실에 있는 상황과는 전혀 다른 수업 분위기, 학교 분위기가 조성될 것입니다.

수업을 위주로 이야기해 보죠. 지금의 수업에서는 선생님이 학생 하나하나를 존중하는 수업을 하기 어렵습니다. 가지 많은 나무에 바람 잘 날이 없다고 하죠. 모든 학생의 사정을 들어 가면서 수업할 수가 없습니다. 더구나 지금의 학생은 예전 학생의 2~3배 몫은 한다고 할 정도로 개성이 강합니다. 이런 학생이 40명씩이나 모여 있으므로, 선생님이 이들을 배려하고 챙겨 가면서 수업하기란 너무나 어려운 일입니다. 그러니 현재는 많은 선생님들이 성적으로 볼 때, 중간층 내지 중간층 이하 학생들을 기준으로 수업합니다.

그런데 학생들의 수준 차이가 심하게 나거나, 수업 자체에 흥미를 보이지 않는 학생이 이 가운데 10명 가까이에 이르면 이런 수업 자체도 어려워집니다. 학생이 꽉 찬 교실에서 10명 정도의 학생이 떠들거나 핸드폰을 만지작거리는 광경, 책상에 엎드려 잠을 자고 있는 광경을 상상해 보세요. 공부를 하고자 하는 학생도 이들에게 영향을 많이 받게 되죠. 교사는 이들 10명을 지도하기 위해 다른 30명의 수업을 포기할 수도 없죠. 수업의 초점은 흐려지고, 문제 학생은 개선되지 않은 채 방치될 뿐입니다.

20명으로 학생 수가 절반으로 줄면 상황이 전혀 달라집니다. 비율은 똑같다고 해도, 40명 중 10명과 20명 중 5명의 학생을 통제하는 것은 다른 일입니다. 이 정도의 학생은 교탁

앞에 선 교사에겐 한눈에 모두 들어오는 인원입니다. 이 가운데 5명 정도가 딴청을 한다고 해도 이들에게 주의를 환기시키며 수업을 진행하는 것은 용이한 일입니다.

학생이 20명으로 줄면 수업방식 자체가 변합니다. 40명을 놓고 수업할 때는 대체로 설명식 수업을 합니다. 다른 방식을 적용하기 어렵기 때문입니다. 하지만 20명을 놓고 수업한다면 이런 방식의 수업을 하지 않을 것입니다. 핀란드나 덴마크에서 하는 협동학습 수업을 일상적으로 할 수 있습니다. 발표와 토론식 수업도 왜 못 하겠습니까? 이런 수업 장면을 생각만 해도 저는 기분이 좋아지네요.

## II. 하루 다섯 시간 수업이면 충분하다

고등학생은 하루에 몇 시간이나 수업을 받아야 할까? 내 생각으로는 50분 수업을 기준으로 5시간이면 충분하다. 다섯 시간만 수업을 받고 2시간 정도는 자기 주도적 학습을 하게 해 주자. 이 자습시간은 학생이 주도적으로 설계하되, 학교가 책임지고 철저히 관리한다.

### □ 공부, 30시간 하나 50시간 하나 똑같다

한울고 연우의 수업시간표를 본 학생이나 교사들은 모두 환호할 것이다. 하지만 어떤 사람들은 반신반의한다. 교사와 학생, 둘 다 편해지겠다는 소리 아니냐고? 일부는 맞다. 나는 교사와 학생이 보다 편해져야 한다고 생각한다. 그래서 수업시간을 줄이자고 주장하는 것이다. 지금처럼 학생이 하루 7~8시간씩 수업을 받는 상황이 비정상이라고 생각하기 때문이다.

지금 우리 교실을 들여다보자. 학생들은 마치 공장의 노동자처럼 하루 업무량을 채우기 위해 책상에 붙박여 있다. 한국 학생의 공부시간은 세계 최고이다. 전 세계 고등학생들이 1주일에 몇 시간을 공부하고 있는지 살펴보자. OECD 평균은 학교 수업 포함 1주일에 35시간이지만(일본은 32시간, 미국 33시간, 스웨덴 28시간가량) 우리나라의 경우, 50시간으로 압도적으로 많다. 학교 수업만도 20%나 더 많다.[8]

---

8) 한국청소년연구원에서 2009년에 발표한 자료로, 조선일보(2009.8.7.)를 참고했다.

학생들의 **공부시간**

이렇게 오래 공부하는 한국 학생들, 과연 학업성취도는 높을까? 2009년 고등학교 1학년을 대상으로 한 국제 비교평가를 보면 교육 선진국이라는 핀란드나 우리나라나 결과가 비슷하다. 어째서 1주일에 30시간도 채 공부하지 않는 학생들 성적이 50시간 넘게 공부하는 우리나라와 비슷할 수 있을까?

이는 우리가 얼마나 비효율적으로 공부하고 있는지를 잘 보여 준다. 억지로 책상 앞에 앉혀 놓은 시간만 많은 것인지, 정말 '공부시간'이 긴 것인지 다시 생각해 보아야 한다. 수업뿐 아니라 방과후 학교, 억지 자율 학습, 사교육 시간까지 수동적 학습시간은 길지만 자기 주도적인 공부시간은 실제로 얼마나 되는지 생각해 보아야 한다.

우선, 수업시간부터 줄여 보자. 점심시간을 기준으로 오전에 2~3시간, 오후에도 역시 2~3시간 수업을 받게 하는 것이다. 그러면 학생은 보다 집중력을 갖고 수업에 임할 수 있다. 잠에서 덜 깬 오전시간,

식후 나른함이 밀려오는 오후시간에 무조건 꽉 채워 수업을 듣게 하지 말자. 오히려 시간은 줄이고, 수업은 밀도 있게 진행하는 편이 백 번 낫다는 것이 내 생각이다.

남는 시간엔 어떻게 해야 할까? 수업시간은 줄이되 학교에 있는 시간은 지금과 다르지 않게 할 수 있다. 그러면 등하교 시간도 달라지지 않는다. 이를 가능하게 하는 시간이 바로 자기 주도 학습, 즉 자습시간이다. 이 시간에 학생들을 방임하자는 것은 결코 아니다. 이 시간은 철저히 학교가 책임져야 한다. 그러므로 나는 사실, 학생이나 교사가 결코 공부를 적게 배우고 가르치자고 주장하는 것이 아니다.

학교 수업의 패러다임 전환을 이룰 수 있는 출발점은 '수업시간만 공부시간'이라는 고정관념을 깨는 데 있다. 사실, 공부를 해 본 사람은 다 잘 알고 있듯이, 수업시간이라고 해서 공부시간은 아니다. 오히려 공부가 전혀 이루어지지 않을 수도 있다. 공부란 주도적으로 무언가를 탐구하는 활동인데, 학생이 수업시간에 적극적으로 관심을 갖고 참여하지 않는다면 '수업=공부'의 등식은 깨진다.

우리는 이미 지식정보사회에 진입하였다. 인터넷에도, TV에도, 사설학원에도 좋은 강좌가 넘쳐난다. 좋은 수업은 학생들의 주위를 풍족하게 감싸고 있다. 하지만 이 와중에도 학생이 공부하려 하지 않는다면 이 모든 게 소용없다. 이런 상황에서 무조건 수업시간을 길게 한다고 능사는 아니다. 늘려야 하는 것은 수업이 아니라 공부시간이어야 한다.

하루 다섯 시간 수업의 핵심은 수업시간의 감축보다는 자습시간의 확보에 있다. 한울고의 자율 학습을 보자. 그저 수업이 비는 시간에 알아서 공부하라고 학생을 방치하는 식이 아니다. 수업이 없는 시간에 어디서 무엇을 하느냐는 학기나 분기별로 사전에 결정되고, 자습 공간에는 학습을 지도하고 관리하는 선생님이나 관리자가 반드시 있다. 담임 교사는 자기 학급 학생들의 자습 계획과 진행에 관여하고 주의 깊게 살핀다. 고등학교 생활은 이 시간을 어떻게 보내느냐가 좌우한다는 점을 학생이나 선생님 모두 잘 알고 있다. 따라서 이 자습이 이루어지는 도서관과 자습실은 이 책에서 제안하는 고등학교 혁신의 상징이 되는 것이다.

지금 많은 고등학교에서 사설 독서실의 시설을 능가하는 자습실을 설치하여 운영하고 있다. 시청이나 구청과 같은 지방자치단체의 지원을 받아 많은 학교가 자습실을 리모델링하였다. 우수한 학생들만 수용하여 밤 11시나 12시까지 자습을 시켜 좋은 입시 성적을 내고 있다.

그런데 내가 원하는 공간은 이런 것이 아니다. 내가 원하는 곳은 풍족한 도서가 구비된 도서관이다. 다양한 지식과 교양을 충분히 쌓을 수 있는 도서관이다. 물론, 이런 도서관에서 제대로 된 공부를 할 수 있는 학생이라면, 때로는 자습공간에서 자신의 공부에 매진하는 것도 좋다. 그러나 지금처럼 고등학교 전 생활을 입시공부에만 매달릴 수밖에 없는 현실, 그리고 그런 공부만 허락된 도서관 없는 자습실은 결단코 반대한다.

수업시간은 줄이고 자율 학습의 질을 높이는 것, 그리고 이를 위해 최고 수준의 도서관을 마련하는 것, 대안이라기에는 너무 단순해 보일 수 있다. 하지만 이것이 불러오는 변화의 파장은 실로 엄청날 것이다. 무엇보다 학교가 진정한 학습의 공간으로 탈바꿈하게 될 것이다. 학생들은 자기 주도 학습을 통해 성취감과 자부심을 맛볼 수 있을 것이다.

## □ 어정쩡한 학사일정 깔끔하게 정리하기

수업시간과 함께 수업일수도 함께 줄여 보자. 수업일수는 1년 365일의 절반가량인 180일이면 충분하다. 이 또한, 이렇게 말하면 굉장히 적은 것 같지만, 현행 수업일수와 큰 차이는 없다. 지금 대부분의 학교에서는 최저 198일을 기준으로 200일이 조금 넘는 날을 수업일수로 운영한다. 하지만 이 가운데 제대로 수업을 진행하지 않는 날도 꽤 많다. 2월의 교실 풍경을 생각해 보면 단번에 감이 올 것이다.

2월뿐이 아니다. 한 학기의 기말고사가 끝난 후인 7월과 12월도 마찬가지이다. 이때 선생님은 학기를 마무리하고 새 학기를 준비하는 업무 처리로 정신이 없지만 학생은 그렇지 않다. 시험도 이미 끝났고 마땅히 할 것도 없다. 따라서 이때가 되면 대부분의 학교에서는 각종 시청각 자료를 보거나 자습을 한다.

이런 낭비되는 수업일수를 줄여 학사일정을 효율적으로 다듬을 필요가 있다. 어정쩡한 봄 방학은 없애고 딱 떨어지는 2학기제를 운영하자. 18주를 한 학기로 운영하면, 주 5일 수업이므로 학기당 수업일수는 90일이다. 이를 연간으로 환산하면 180일이 된다. 나머지 16주는 각각 8주씩 여름방학과 겨울방학으로 한다.

학교는 자율적으로 판단하여, 학기를 다시 2개의 분기로 나눌 수도 있다. 그러면 한 분기는 9주가 되고, 1분기가 마무리되는 9주째와 2분기가 끝나는 18주째에 중간고사와 기말고사를 본다. 이렇게 하면 시험 종료 후 자투리로 남는 시간이 현저히 준다. 성적 확인은 대학생처럼 인터넷 등을 통해 해도 무방하며, 정 어렵다면 방학 중 하루를 소집일로 해도 된다.

이런 학사일정의 장점은 더 있다. 선생님 입장에서는 중간고사나 기말고사 모두 8주의 수업 이후에 치러지므로 출제 분량의 비율을 균형 있게 조정할 수 있다. 학생은 공부와 평가가 일정한 주기에 따라 이루어지므로 리듬을 조정하면서 효과적으로 공부할 수 있다.

여름과 겨울 방학이 8주가 되면 이 기간을 지금보다 더욱 효과적으로 활용할 수 있다. 지금의 방학은 기간이 일정하지 않으며 규칙성이 없다. 학생이나 교사 모두, 무언가를 계획적으로 준비해 도모하기에는 짧다. 더욱이 2주가량의 봄 방학은 어정쩡하기 짝이 없다.

이와 달리, 여름방학과 겨울방학 모두 8주라는 기간을 설정하면 의미 있는 방학을 보낼 수 있다. 8주라는 기간은 학생이 하고 싶은 공부를 파고들거나 프로젝트를 수행할 수 있을 만큼 충분한 시간이다. 학교에서도 유의미한 방과후학교 프로그램을 제공할 수 있다. 특히, 심화 학습이 필요한 학습 부진 학생이나 조기 졸업을 희망하는 학생들을 위한 공식적인 프로그램을 알차게 운영할 수 있게 된다.

이 일정을 우리나라의 행사나 날씨를 고려해 수정하는 방안도 고려할 수 있다. 이는 1학기 개시를 2주 정도 당기면 된다. 2월 3주째에 새학기를 시작하는 것이다. 이때는 그렇게 춥지는 않으면서도 설 연휴를 마친 이후라 학기를 시작하기에 적절하다. 여름방학이 당겨지는 것도 장점이다. 최근 여름이 일찍 시작되어 장마와 무더위가 6월 중순부터 본격화되고 있는데, 이런 기후를 피해 방학에 일찍 들어갈 수 있다.

그런데 나는 여름방학은 1주 더 연장해서 9주를 하는 것도 좋다고 생각한다. 그러면 2학기 개시일은 8월 4주차가 된다. 이렇게 하는 이유는 아직 날씨가 너무 덥기 때문이다. 하지만 이렇게 해도 2학기의 모든 일정은 12월 3주차에 마칠 수 있다. 너무 춥거나 분주한 연말연시 전에 모든 학사 일정이 마무리되는 셈이다. 개선안과 개선안에 대한 수정안을 표로 제시하면 다음과 같다.

〈표 2-1〉 학사일정 개선안(괄호 속은 수정안)

| 구분 | | 일정 | 기간 |
|---|---|---|---|
| 1학기 | 1분기 | 3월 1주~4월 4주(2월 3주~4월 2주) | 9주 |
| | 2분기 | 5월 1주~6월 4주(4월 3주~6월 2주) | 9주 |
| 여름방학 | | 7월 1주~8월 4주(6월 3주~8월 3주) | 8주(9주) |
| 2학기 | 1분기 | 9월 1주~10월 4주(8월 4주~10월 3주) | 9주 |
| | 2분기 | 11월 1주~12월 4주(10월 4주~12월 3주) | 9주 |
| 겨울방학 | | 1월 1주~2월 4주(12월 4주~2월 2주) | 8주(7주) |

이런 개선안과 수정안으로 당장 바꾸는 것이 좋지 않을까? 깔끔한 일정 덕에 학생들은 보다 효과적으로 공부할 수 있을 것이다. 방학도 더 알차게 보낼 수 있을 것이다. 선생님도 수업을 효율적으로 준비하고 운영할 수 있을 것이다.

□ 수업단위, 이렇게 많을 필요가 없다

불충분하고 어정쩡해서 오히려 문제를 악화시키고 있는 '2009 개정 교육과정'도 반드시 개선해야 한다. 이때 추구해야 할 바는 '수업하는 학교'에서 '공부하는 학교'로의 전환이다. 그리고 그 개선의 핵심은 수업시수의 최소화와 특성화이다.

무엇보다 현행 수업단위를 줄이고 이를 탄력적으로 운용할 수 있도록 해야 한다. 우리나라 고등학교에서 3년 동안 학생이 이수해야 할 총 이수단위는 현재 204단위이다. 대학생이 졸업하기 위해 요구되는 학점이 대개 얼마인가? 140학점 내외이다. 그런데 대학생은 4년, 즉 8학기를 학교에 다닌다. 그런데 '2009 개정 교육과정'에 따라 고등학생은 3년, 즉 6학기에 204단위를 이수해야 한다. 대체 왜 이렇게 많이 이수해야 하는가?

나는 이를 대폭 줄여 130단위로 낮출 것을 제안한다. 하루 5시간 수업으로, 매 학기 25단위씩만 이수해도 충분하다. 이렇게 6학기면 150단위이지만, 최소 이수단위는

> \* '단위'가 뭔가요?
> 고등학교 교육과정에서 1단위는 '50분을 기준으로 17회를 이수하는 수업량'을 가리킨다. 실제 고등학교의 수업은 50분 단위로 이루어지고 한 학기는 18주 이상이므로 이는 쉽게 말해, 1주일에 1시간의 수업을 1학기 동안 하는 분량을 의미한다. 가령 국어의 이수단위가 15단위라면 3학년 동안 총 255시간(15×17)의 국어 수업을 듣는 것이다. 한 학기의 시간표로 생각해 보면 일주일에 평균 2.5시간이 국어 수업에 배정되는 것이다.

130단위로 하자. 3학년 때 수업을 줄이고 자신이 해야 할 공부에 집중할 수 있는 자습시간을 더 확보하기 위함이다.

수업량이 너무 적어지는 게 아닌가? 그건 아니다. 다른 나라와 비교해 보면 이를 알 수 있다. 일본의 경우, 단위제를 적용하는 고등학교는 최저 74단위를 이수해야 졸업할 수 있는데 여기서 1단위는 1년이 기준이다. 따라서 이를 우리 기준으로 환산하면 그 2배인 148단위이다. 핀란드도 최저 75단위를 이수할 것을 요구하는데, 여기서의 1단위는 6주간 38시간이다. 이 또한 우리 기준으로 보면 1시간씩 1년 정도의 수업분량이므로 역시 2를 곱한 값인 150단위로 볼 수 있다. 한편, 미국이나 캐나다는 대체로 9~12학년의 4년제 중등학교가 많

고, 주와 학교마다 기준이 달라 일관된 설명이 어렵다. 이 중 캐나다 온타리오 주는 4년간 30학점을 요구하는데, 1학점은 110시간이다. 따라서 4년간 3,300시간으로, 이를 나의 제안인 1단위 기준시간 18로 나누면 183.33이 나온다. 4년간 약 183단위를 이수하는 것으로 고등학교 3년만 계산하면 137.5단위로 보면 된다.[9]

이들 나라가 137~150단위를 최소기준으로 하는 것으로 보면 현재 우리의 204단위가 너무나 많다는 것은 분명하다. 하지만 나의 제안인 130단위는 너무 적은 것이 아닌가 하는 의문이 있을 수도 있다. 그런데 나는 하루 2시간, 학기당 10단위, 3년간 60단위 이상의 자습시간을 요구하고 있다. 이를 생각하면 결코 적은 시간이 아니다.

단위 수를 감축함과 동시에 각 과목의 기본 이수단위를 현재의 5단위에서 4단위로 조정한다. 여기에 1단위의 증감을 허용하여, 3단위나 5단위로 편성할 수 있게 한다. 이 단순한 변화는 고등학교 시간표 운영에 숨통을 틔워 준다.

예컨대, 어떤 과목을 주당 4단위로 운영한다면 2시간씩 블록 타임 (block time)제를 적용해 이틀간 2회 수업으로 운영할 수 있다. 만약 3단위로 하면 일부 대학의 시간표처럼 75분을 1시간으로 하여 이틀간 2시간으로 이수하게 할 수도 있다. 또한, 5단위를 적용할 경우엔 매일 1시간씩 이수하게 해도 된다.

이런 융통성은 단위 학교에서 선생님의 수업시수를 조절하는 데도 유리하다. '2009 개정 교육과정'처럼 모든 과목의 수업을 5단위로 운영하면 학교와 선생님에게는 어떤 어려움이 있을까? 무엇보다 선생

---

9) 일본은 이명실(2010) 12쪽, 핀란드는 후쿠타 세이지, 나성은·공영태 역(2008) 95쪽, 캐나다 온타리오 주는 한혜정(2011) 79쪽을 참조하였다.

님들이 적정한 시간으로 수업하지 못한다. 만약 어떤 선생님이 5단위를 기준으로 4학급의 수업을 담당하면 해당 선생님의 주당 수업시간은 20시간이 된다. 3학급이면 15시간이다. 이처럼 선생님의 수업시간은 5의 배수가 된다. 16시간이나 17시간, 18시간은 나오지 않는다. 나의 경험으로 보자면, 고등학교에서 한 선생님의 주당 수업시수는 14~17시간이 적절하다.[10] 그런데 5단위를 기본시수로 하면 이런 수업시수가 나올 수 없다.

이를 1단위 줄여 4단위로 운영하면 16단위 아니면 20단위의 수업을 해야 하므로 크게 상황은 나아지지 않아 보인다. 그런데 3단위까지 줄이면 12단위, 15단위, 18단위, 21단위의 수업이 가능하다. 그리고 이를 혼합적으로 적용하여 어느 과목은 4단위로 하고 어느 과목은 3단위로 하면 15단위, 16단위, 17단위, 18단위, 19단위, 20단위 등 모든 시수형태가 가능하다.

여기에 더해, 체육, 미술, 음악 등의 기본단위를 2단위로 하고 역시 1단위의 증감을 허용하면 금상첨화이다. 이렇게 하면 이들 과목은 주당 1~3단위로 편성할 수 있게 되는데, 이는 무엇보다 학생에게 좋다. 이 분야를 전공할 학생이 아니라면 이 과목들을 한 학기에 집중 이수할 필요가 없다. 학생은 이들 과목으로 체력을 기를 수 있고, 스트레스를 풀고, 감정을 정화하며, 기분을 전환할 수 있다. 이 과목들은 가능하면 매일, 모든 학기에 분산되어 있는 것이 좋다. 이렇게 하기 위

---

10) 고등학교 수업 경험이 없는 독자는 이 시수에 대해 어떻게 생각할지 모르겠다. 1시간의 수업은 생각보다 에너지가 많이 드는 일이다. 또한 수업이 없는 시간을 쉬는 시간으로 착각해서도 안 된다. 수업 준비와 연구, 담임업무, 행정업무 등 해야 할 일이 많다. 대학교수의 경우엔 연구 부담이 더 있다고 해도, 주당 6~9시간만 수업하는 경우가 많다. 교사도 다른 일을 처리하면서 좋은 수업을 할 수 있는 적정한 시수를 책정해 주어야 한다.

해서 한 학기에 이수할 단위 수는 적게 해 주어야 한다.

## □ 새로운 교육과정을 만들자

기본단위를 조정하는 나의 제안을 받아들일 수 있다면, 다음은 전체 이수단위인 130단위 가운데 영역 또는 교과(군)별로 필수 이수단위를 제시하는 문제가 남는다. 이를 전혀 제시하지 않고 학교와 학생에게 전적으로 맡기는 급진적인 방안도 생각할 수는 있다. 하지만 나는 학교의 현실, 우리나라 교육의 맥락 등을 고려하여 볼 때, 현행 교육과정의 큰 틀을 유지하는 것이 부작용을 줄이는 일이라고 생각한다. 다만 이를 적절히 수정할 필요가 있을 것이다. 새로운 교육과정을 2013년에 개정한다고 가정하고, '2013 개정 교육과정'이라 칭해 보자.

'2013 개정 교육과정'에서는 국어, 수학, 영어, 사회, 과학교과(군), 그리고 생활·교양영역에 대해 필수 이수단위는 8단위로 하는 것이 적절할 것이다. 체육과 예술은 각 4단위로 하면 된다. 이는 각 과목의 기본단위의 2배수에 해당하는데, 이는 곧 해당 교과(군)이나 영역의 과목 2개를 이수하면 된다는 의미이다. 이렇게 하면 필수 이수단위의 소계는 56단위가 된다. 여기에 선택 이수 62단위, 창의적 체험활동 12단위를 합하면 총 130단위가 나오게 된다.

이를 표로 정리하면 다음과 같다.

〈표 2-2〉 2013 개정 교육과정 고등학교 단위 배당 기준(안)

| | 교과 영역 | 교과(군) | 필수<br>이수단위 | 선택<br>이수단위 |
|---|---|---|---|---|
| 교<br>과<br>활<br>동 | 기초 | 국어 | 8 | 학생의<br>적성과<br>진로를<br>고려하여<br>편성 |
| | | 수학 | 8 | |
| | | 영어 | 8 | |
| | 탐구 | 사회(역사/도덕 포함) | 8 | |
| | | 과학 | 8 | |
| | 체육·예술 | 체육 | 4 | |
| | | 예술(음악/미술) | 4 | |
| | 생활·교양 | 기술·가정/제2외국어/<br>한문/교양 | 8 | |
| 소 계 | | | 56 | 62 |
| 창의적 체험활동 | | | 12 | |
| 총 이수단위 | | | 130 | |

이를 아래의 현행 '2009 개정 교육과정'과 비교해 보자. 훨씬 간결
하고 좋다는 것을 느낄 수 있다.

<table>
<thead>
<tr>
<th colspan="2" rowspan="2"></th>
<th rowspan="2">교과 영역</th>
<th rowspan="2">교과(군)</th>
<th colspan="2">필수 이수단위</th>
<th rowspan="2">학교자율과정</th>
</tr>
<tr>
<th>교과(군)</th>
<th>교과<br>영역</th>
</tr>
</thead>
<tbody>
<tr>
<td rowspan="9">교<br>과<br>(군)</td>
<td></td>
<td rowspan="3">기초</td>
<td>국어</td>
<td>15<br>(10)</td>
<td rowspan="3">45<br>(30)</td>
<td rowspan="8">학생의<br>적성과<br>진로를<br>고려하여<br>편성</td>
</tr>
<tr>
<td></td>
<td>수학</td>
<td>15<br>(10)</td>
</tr>
<tr>
<td></td>
<td>영어</td>
<td>15<br>(10)</td>
</tr>
<tr>
<td></td>
<td rowspan="2">탐구</td>
<td>사회(역사/도덕<br>포함)</td>
<td>15<br>(10)</td>
<td rowspan="2">35<br>(20)</td>
</tr>
<tr>
<td></td>
<td>과학</td>
<td>15<br>(10)</td>
</tr>
<tr>
<td></td>
<td rowspan="2">체육·예술</td>
<td>체육</td>
<td>10<br>(5)</td>
<td rowspan="2">20<br>(10)</td>
</tr>
<tr>
<td></td>
<td>예술(음악/미술)</td>
<td>10<br>(5)</td>
</tr>
<tr>
<td></td>
<td>생활·교양</td>
<td>기술·<br>가정/제2외국어/<br>한문/교양</td>
<td>16<br>(12)</td>
<td>16<br>(12)</td>
</tr>
<tr>
<td colspan="4">소 계</td>
<td colspan="2">116(72)</td>
<td>64</td>
</tr>
<tr>
<td colspan="4">창의적 체험활동</td>
<td colspan="3">24</td>
</tr>
<tr>
<td colspan="4">총 이수단위</td>
<td colspan="3">204</td>
</tr>
</tbody>
</table>

〈표 2-3〉 2009 개정 교육과정 고등학교 단위 배당 기준

□ 공통과목을 부활하고 학교의 자율성을 존중하자

이제 각 교과(군)별로 학교에서 개설하게 될 과목명을 생각해 보자.
아래는 '2009 개정 교육과정'의 보통교과 과목이다. 복잡하지만 자세
히 살펴보자. 고등학생들이 공부하는 과목의 구체적인 명칭들이다.

<표 2-4> 2009 개정 교육과정 고등학교 보통교과 과목

| 교과 영역 | 교과(군) | 과목 |
|---|---|---|
| 기초 | 국어 | 국어*, 화법과 작문Ⅰ, 화법과 작문Ⅱ, 독서와 문법Ⅰ, 독서와 문법Ⅱ, 문학Ⅰ, 문학Ⅱ |
| | 수학 | 수학*, 수학의 활용, 수학Ⅰ, 미적분과 통계기본, 수학Ⅱ, 적분과 통계, 기하와 벡터 |
| | 영어 | 영어*, 영어Ⅰ, 영어Ⅱ, 실용 영어회화, 심화 영어회화, 영어 독해와 작문, 심화 영어독해와 작문 |
| 탐구 | 사회 (역사/도덕포함) | 사회*, 한국 지리, 세계 지리, 동아시아사, 세계사, 법과 정치, 경제, 사회·문화, 한국사* |
| | | 도덕*, 생활과 윤리, 윤리와 사상 |
| | 과학 | 과학*, 물리Ⅰ, 물리Ⅱ, 화학Ⅰ, 화학Ⅱ, 생명과학Ⅰ, 생명과학Ⅱ, 지구과학Ⅰ, 지구과학Ⅱ |
| 체육·예술 | 체육 | 체육*, 운동과 건강 생활, 스포츠 문화, 스포츠 과학 |
| | 예술 (음악/미술) | 음악*, 음악 실기, 음악과 사회, 음악의 이해 |
| | | 미술*, 미술과 삶, 미술 감상, 미술 창작 |
| 생활·교양 | 기술·가정/ 제2외국어/ 한문/ 교양 | 기술·가정*, 농업 생명 과학, 공학 기술, 가정 과학, 창업과 경영, 해양 과학, 정보 |
| | | 독일어Ⅰ, 독일어Ⅱ, 프랑스어Ⅰ, 프랑스어Ⅱ, 스페인어Ⅰ, 스페인어Ⅱ, 중국어Ⅰ, 중국어Ⅱ, 일본어Ⅰ, 일본어Ⅱ, 러시아어Ⅰ, 러시아어Ⅱ, 아랍어Ⅰ, 아랍어Ⅱ |
| | | 한문Ⅰ, 한문Ⅱ |
| | | 생활과 철학, 생활과 논리, 생활과 심리, 생활과 교육, 생활과 종교, 생활 경제, 안전과 건강, 진로와 직업, 보건, 환경과 녹색성장 |

이 표의 아래에는 다음과 같은 설명이 있어 각 과목을 학교에서 몇 단위로 편성하여 운영해야 하는지 지침을 제공한다.

① 각 과목의 기본단위 수는 5단위이며, 각 과목별로 1단위 범위 내에서 증감 운영이 가능하며, 가능한 한 한 학기에 이수하도록 한다.

② *표 한 과목은 교과(군)별 학습의 위계를 고려하여 선택할 수 있도

록 지도한다. 이 과목은 4단위 범위 내에서 증감하여 운영할 수 있다.

①의 설명에 의하면, 각 과목의 기본단위 수는 5단위라는 것이다. 그런데 이 과목들은 1단위 범위 내에서 증감 운영이 가능하다. 따라서 대부분의 보통과목은 4~6단위로 편성하여 한 학기 내에 이수해야 한다.

그런데 ②항에 의하면, 과목명 앞에 '*'표시가 된 과목은 4단위 범위 내에서 증감하여 운영해도 좋다고 한다. 그러므로 이 과목들은 1~9단위까지 운영이 가능하다는 것이다. 왜 이 과목들은 이렇게 할 수 있는가? 이들 과목은 본래 '2009 개정 교육과정' 이전에 적용되었던 '7차 교육과정'에서 개설된 과목들이다. 이 과목들을 일시에 폐지할 수 없어 한시적 조치를 한 것이다. 즉, 7차 교육과정에서 어떤 과목은, 예컨대 도덕은 1주일에 1시간 수업할 분량으로 교과서가 개발되었으므로 이 수업은 여전히 '2009 개정 교육과정'에서도 1단위를 운영할 수 있도록 경과조치를 둔 것이다. 하지만 이들 '*' 표시가 된 과목들은 교과서에 대한 사용기한이 만료되면 과목 자체가 폐지될 것이다. 따라서 '2009 개정 교육과정'이 온전하게 운영된다면 모든 과목은 4~6단위로 한 학기 내에 이수해야 한다.

이렇게 한 과목을 운영하는 시간까지 4~6단위로 제한하는 것은 애초 학생들이 이수할 과목 수를 8과목 이내로 제한하겠다는 취지와 관련된다. 왜 한 학기에 9과목, 10과목 또는 이보다 적은 7과목도 아닌 8과목 이내로 이수해야 하느냐에 대해선 명확한 이유가 없다. 다만, 학생들의 학업부담을 실제적으로 경감하려면 이 조치가 필요하다는 주장이 있을 뿐이다.

내가 보기에, 한 학기에 이수하는 과목을 8과목 이내로 제한하는 조치야말로 학교의 현실을 몰라서 나온 획일적이고 규제적인 지침이다. 학생들에겐 9과목이든 10과목이든 과목 수가 큰 문제는 아니다. 과목이 적으면 부담이 줄 것 같지만 수업시간 자체가 줄지 않은 상태에서 과목 수가 준다는 것은 더 큰 괴로움이다. 각 과목에서 배우는 분량이 늘기 때문이다. 체육·예술 영역을 집중 이수하고, 이들 과목을 위 8과목 안에 포함시킨 것도 문제였다.

모든 과목을 4~6단위로 운영하게 되면 학교와 선생님에게도 큰 부담이 된다. 앞서 이야기했듯이, 학교 전체의 수업시간표를 작성하기가 매우 어렵다. 초등학교처럼 한 교사가 모든 과목을 가르치는 것도 아니고, 대학처럼 여유 공간과 크기가 다양한 강의실이 많지도 않은 고등학교에서 이 일은 결코 쉽지 않다. 작은 나사나 못 없이 똑같은 크기의 큰 블록만을 주고서 집을 지으라는 것과 같다. 답답한 일이다.[11]

기본단위를 줄이고, 과목명도 화법과 작문, 기하와 벡터처럼 어렵게 하지 말고, 쉽게 제시하는 편이 좋다. 다음은 '2009 개정 교육과정'의 형식을 빌려 '2013 개정 교육과정'의 보통교과 과목(안)을 제시해 본 것이다.

---

11) MB 정부는 2012년 여름에 이르러서야 체육·예술 영역을 집중 이수과목에서 해제하고, 한 학기 8과목 이수의 범위에서도 뺐다.

〈표 2-5〉 2013 개정 교육과정 고등학교 보통교과 과목(안)

| 교과 영역 | 교과(군) | 과목 |
|---|---|---|
| 기초 | 국어 | 공통국어Ⅰ, 공통국어Ⅱ, 국어Ⅰ, 국어Ⅱ, 국어Ⅲ, 국어Ⅳ |
| | 수학 | 공통수학Ⅰ, 공통수학Ⅱ, 수학Ⅰ, 수학Ⅱ, 수학Ⅲ, 수학Ⅳ |
| | 영어 | 공통영어Ⅰ, 공통영어Ⅱ, 영어Ⅰ, 영어Ⅱ, 영어Ⅲ, 영어Ⅳ |
| 탐구 | 사회 (역사/도덕 포함) | 공통사회Ⅰ, 공통사회Ⅱ, 지리Ⅰ, 지리Ⅱ, 역사Ⅰ, 역사Ⅱ 사회Ⅰ, 사회Ⅱ 윤리Ⅰ, 윤리Ⅱ |
| | 과학 | 공통과학Ⅰ, 공통과학Ⅱ, 물리Ⅰ, 물리Ⅱ, 화학Ⅰ, 화학Ⅱ, 생명과학Ⅰ, 생명과학Ⅱ, 지구과학Ⅰ, 지구과학Ⅱ |
| 체육·예술 | 체육 | 체육Ⅰ, 체육Ⅱ, 체육Ⅲ |
| | 예술 (음악/미술) | 음악Ⅰ, 음악Ⅱ, 음악Ⅲ |
| | | 미술Ⅰ, 미술Ⅱ, 미술Ⅲ |
| 생활·교양 | 기술·가정/ 제2외국어/ 한문/ 교양 | 기술·가정, 농업 생명 과학, 공학 기술, 가정 과학, 창업과 경영, 해양 과학, 정보 |
| | | 독일어Ⅰ, 독일어Ⅱ, 프랑스어Ⅰ, 프랑스어Ⅱ, 스페인어Ⅰ, 스페인어Ⅱ, 중국어Ⅰ, 중국어Ⅱ, 일본어Ⅰ, 일본어Ⅱ, 러시아어Ⅰ, 러시아어Ⅱ, 아랍어Ⅰ, 아랍어Ⅱ |
| | | 한문Ⅰ, 한문Ⅱ |
| | | 생활과 철학, 생활과 논리, 생활과 심리, 생활과 교육, 생활과 종교, 생활 경제, 안전과 건강, 진로와 직업, 보건, 환경과 녹색성장 |

※ 기초, 탐구, 생활·교양 영역 각 과목의 기본단위 수는 4단위, 체육·예술의 경우엔 2단위로 하
며, 1단위 범위 내에서 증감 운영이 가능하다.

주석에서 보듯, 기본단위 수를 4단위, 2단위로 줄여 제시한 것은
앞서 말한 바에 근거한 것이다. 또 하나, 눈여겨볼 점은 국어, 수학,
영어, 사회, 과학 교과(군)의 과목 중 '공통'이라는 용어가 붙은 과목
이 있다는 것이다. 이 공통과목은 일반적인 고등학생이 학습해야 할

기본적인 내용과 수준으로 편성한다. 그리고 이는 다음 장에서 언급할 2학년 학생이 치르는 '고교 기본소양 인증평가'의 기준으로 한다. 이렇게 되면 대개의 고등학교에서는 이 과목들을 1학년 1학기와 2학기에 편성할 것이다.

공통과목 이외의 보통과목들은 해당 교과(군)에서 보다 깊이 있는 공부를 하기 위한 과목이다. 이 과목에 대해, 여기서는 별도의 명칭을 붙이지 않고 로마숫자 Ⅰ, Ⅱ, Ⅲ, Ⅳ 등으로 표시했는데, 구체적 명칭은 해당 교과(군)에서 결정하여 명명하면 된다. 다만, 이 과목이 포함하는 내용의 범위와 수준이 적절하도록 공적 관리가 이루어져야 한다. 한편, 이 과목의 내용과 수준은 3학년 학생이 치르는 대학 수학능력 시험의 기준이 된다.

그런데 위의 과목들을 모든 학교가 반드시 채택해야 하는 것은 아니다. 필요하면, 학교가 과목을 독자적으로 개발할 수도 있어야 한다. 교과서도 마찬가지이다. 이것을 보장해 주어야 학교가 스스로 노력한다. 선생님이 스스로 연구를 하고 더 좋은 수업을 할 의욕을 갖는다. 또한 이런 상황이 되어야 학생의 다양한 관심과 수준을 반영하는 교육을 할 수 있다. 다만, 이런 조치가 섣불리 시행될 경우 나타날 수 있는 부작용이 있다. 이를테면, 지나치게 어렵거나, 신뢰할 수 없는 내용으로 교과가 구성될 수도 있다. 어느 정도의 조건과 통제가 필요한 이유이다.

교과서의 문제는 더 생각할 것이 있다. '2009 개정 교육과정'에서 사용하는 교과서는 5단위 수업을 기준으로 개발되었다. 이를 다시 4단위 수업을 기준으로 바꾸어 발간하려면 많은 시간이 필요할 것이다. 따라서 이런 우려를 하는 사람은 교육과정 개정을 서둘러서는 안 된다고 주장할지 모르겠다. 그러나 내 생각으로는 이는 걱정할 일이 아니다.

이미 시사했듯이, 새로운 교육과정은 학교와 선생님에 대한 신뢰에 기초한다. 이 입장에서 보면, 이미 개발된 5단위 기준의 교과서를 그대로 두고 각 선생님이 알아서 수업하도록 자율권을 주면 그만이다. 만약, 이것이 너무 무책임해 보이고 선생님들에게 과도한 부담을 주게 되는 것이라고 느껴진다면, 시·도 교육청 또는 교육과정평가원 등 기관에서 범위와 수준에 대한 일차적인 가이드라인을 제공하면 된다. 이 정도만 해 주면 선생님들이 어렵지 않게 이 일을 해낼수 있다.

# Ⅲ. 프로젝트 활동에 몰입하는 학생들

'고교생활 동안 수행한 프로젝트 활동 중 3가지를 소개하고, 이 활동이 본인의 교육적 성장에 어떤 의미가 있었는지 밝혀라.'

고등학생의 프로젝트 활동이 일반화되었을 때, 대학에서 학생을 선발할 때 나오게 될 질문은 위와 같을 것이다. 이런 질문에 또랑또랑한 목소리로 자신의 이야기를 들려줄 미래의 학생을 상상해 본다. 그는 생기가 넘치고 자신감이 있는 표정일 것이다. 어떤 일을 직접 해 본 사람만이 지을 수 있는 그런 표정으로 자신의 경험담을 말할 것이다.

## □ 억지 공부를 강요 말자

> 유령처럼 멍하니 앉아 있는 모습, 피곤에 찌든 듯 얼굴표정을 한창 찡그린 모습, 이어폰을 꽂고 핸드폰을 만지작거리는 모습, 큰 목소리로 욕설을 해 가며 떠드는 모습, 이 와중에도 수학 문제를 풀거나 영어단어를 풀고 있는 몇몇 학생의 모습.

내가 꿈꾸는 미래의 학생과는 너무나 상반된 모습이다. 그런데 이것이 바로 지금 학생들의 모습이다. 구체적으로는 내가 근무하는 학교에서 아침에 등교한 학생들이 교실에서 취하고 있는 모습이다. 이 모습이 지금 고등학교의 분위기를 상징한다. 잠이 덜 깼는지 눈빛에는 초점이 없다. 학생들은 무엇을 해야 할지 잘 모른다. 아니, 그보다는 무엇을 할 의욕이 없다. 1교시 시작을 알리는 음악이 울려도 아직 빈자리가 대여섯 개 있다. 곧 헐레벌떡 뛰어 들어올 아이는 그래도 괜찮다. 3명은 오늘도 무단 지각이나 결석일 것이다.

내가 근무하는 학교나 내 학급의 문제가 아니냐고 지적할 수도 있겠다. 그럴 수도 있다. 다른 학교는 이보다 더 좋은 상황일 수 있다. 이를테면 모두 자리에 앉아 조용히 공부하는 분위기인 학급이 있을 수 있다. 책을 읽거나 숙제를 하거나 문제집을 풀고 있을 수 있다. 아침부터 열심히 공부하는 분위기가 조성된 곳이다. 나 역시 이런 학교에서 근무하고, 이런 학급 분위기를 만들어 본 적이 있다. 확실히 겉으로 보자면 이런 학교와 학급이 현재 내가 경험하는 분위기보다 나아 보인다.

하지만 여기에 오히려 심각한 문제가 도사리고 있을 수도 있다. 조용하고 진지한 분위기 속에서 숨이 막히는 학생들도 많을 것이다. 이 분위기는 자연스러운 상태는 아니다. 학생들이 무엇인가에 의해 압도되어 통제되고 있는 상황일 것이다. 분명, 이런 학교나 학급이라고 해서 모두 공부를 잘하거나 열심히 하는 학생들로 이루어질 수는 없다. 공부를 못하는 학생에게 이 분위기는 더욱 힘들 수밖에 없다.

나의 학급처럼 정돈이 되지 않은 곳이나, 외형적으로는 잘 정돈된 학급에서나 이후의 공부시간은 다르지 않다. 이 시간이 지나면 1교시를 알리는 음악이 들리고 하루의 일과가 시작된다. 고등학생들의 하루 일과는 잘 알고 있듯이, 50분 수업과 10분의 휴식으로 이루어져 있다. 대체로 오전에 4교시, 오후에 3교시, 모두 7시간의 수업을 하고 4시 무렵에 끝난다. 중간에 50분 내지 1시간의 점심시간이 있지만 모든 학생은 하루 7교시의 수업시간 동안 공부해야 한다.

인문사회계열이라면, 국어, 수학, 영어, 사회, 역사, 윤리, 제2 외국어, 체육 등 과목 선생님들이 들고 나가면서 수업이 진행된다. 이 수업시간에 학생들에게 요구되는 일은 열심히 듣고, 따라 해 보고, 필기하는 것이다. 떠들거나 딴짓을 하면 곤란하다. 잠을 자도 안 된다. 공부를 열심히 하려면 말이다.

이처럼, 지금의 고등학교에서 학생은 주도적이지 않고 수동적이다. 교과목이 정해져 있고 수업시간도 정해져 있다. 선택 교육과정이라고 하지만, 실제 학교를 다니는 학생의 입장에서 보면 동의하기 어려울 것이다.

시간표와 교과목만이 아니다. 공부할 내용도 정해져 있다. 교과서에 있는 내용, 대학입시에 출제될 만한 지식들을 공부해야 한다. 이 지식의 내용과 수준은 공부를 잘하는 학생이나 못하는 학생이나 다르지 않다. 대학 진학을 목표로 한다면 어떤 과목에서건 해야 하는 공부의 내용과 수준이 결코 만만치 않다.

선생님도 많은 학생을 대상으로 수업하면서 뒤처진 학생을 배려하면서 수업하기는 쉽지 않다. 다수의 중간층 또는 상위권에 초점을 맞추는 수업이 되기 쉽다. 이 초점에서 벗어난 학생, 즉 수업의 주된 대상이 되지 못한 학생이 그 수업을 힘들어하는 것은 당연하다. 그런데 적지 않은 학생들이 거의 모든 수업에서 이런 상황에 처해 있다. 어떻게 이들이 학교를 즐겁게 다닐 수 있겠는가? 어떻게 이들이 주도적으로 공부할 수 있겠는가?

그렇다고 공부를 잘하는 학생, 수업의 주된 대상이 된 학생이라고 해서 다를 바가 없다. 해야 할 공부의 내용과 수준이 너무 많다. 상대평가로 성적이 나오니 적당히 공부할 수 없다. 무한경쟁의 상황에서는 필요하다고 판단되는 지식을 어떻게든 많이 흡입해야 한다. 어떤 과목, 어떤 수업도 주도적으로 즐겁게 공부하기란 쉽지 않다.

이것이 우리나라 고등학생이 처한 현실이다. 정규 수업은 하루 7시간이고, 학교에 따라 방과후수업, 강제 자율 학습이 뒤따른다. 아니면 부모의 손에 이끌려 사교육을 전전한다. 알아듣건 그렇지 못하건 많은 공부가 강요된다. 억지로 해야 하는 공부가 산더미처럼 쌓여서 학생을 억누른다. 공부하는 일은 고통스러운 일이다. 그리고 이런 공부를 강요하는 학교와 교실은 감옥처럼 보인다. 수업시간에 앉아 있는 것 자체가 형벌로 느껴진다.

## □ 스스로 문제를 찾고 해결해 본다

어떤 문제를 장기적으로 탐구하거나 뜻한 바를 실천하거나 무엇을 제작해 보는 일, 이런 것이 프로젝트이다. KBS의 TV 프로그램 <남자의 자격>에서 하듯이, 합창을 해 보거나, 자격증을 따거나, 발명을 해 보거나, 집을 지어 보는 것이다. 일정한 기간 동안 혼자서 또는 여럿이 협력하여 해당되는 일을 완수하는 것이다.

이 프로젝트 활동을 장려하는 일이 지금의 고등학교에 절실히 필요하다. 이 활동은 특히, 지금과 같은 지식 암기 위주 공부를 힘들어하는 학생들에게 새로운 의욕을 일으킬 수 있을 것이다. 무엇인가를 계획해 보고, 실천해 보다 보면 흥미를 느끼고 의미를 부여하게 될 것이다. 그리고 많은 것을 배우게 될 것이다.

고등학교에서 하는 프로젝트는 수업시간에 이루어질 수도 있고, 수업 외 시간에 이루어질 수도 있다. 물론, 처음에는 수업시간을 활용하여 교과 선생님의 지도를 받아 이루어지면 좋을 것이다. 교과 시간에 이루어지는 프로젝트여야 수업 활동의 연장선에서 의미 있는 활동을 할 수 있고 그 수준도 보장될 수 있기 때문이다. 교과 선생님은 학기 초에 교과내용과 관련한 주제를 학생들로 하여금 하나씩 선정하게 하고, 일정 기간 동안 스스로 탐구하여 결과물을 내게 하는 것이다.

그런데 현재 고등학교의 수업은 학기 단위로 이루어지므로 수업시간을 통한 프로젝트는 4개월 이상 진행하기 어렵다. 제대로 된 활동을 하려면 이보다 더 긴 기간 동안 진행될 필요가 있다. 그래야 학생들이 보다 긴 호흡을 갖고 어떤 일을 진중하게 계획하고 정성껏 실천할 수 있다. 나의 제안은 고등학교 3년을 다니는 동안 적어도 1년 이상의 장기 프로젝트 한두 가지를 수행하도록 권장하는 것이다. 이는 완전히 개인적인 일이 될 수도 있겠지만, 이보다는 학교에서 이를 점검하고 지도해 주는 것이 좋다. 앞서 제안한 '2013 개정 교육과정'을 기준으로 3년간 12단위, 학기당으로는 2~3단위의 창의적 체험활동 시간을 이런 시간으로 활용하면 될 것이다.

이런 장기적 프로젝트는 수업시간에 했던 주제를 발전시킬 수도 있고, 처음부터 독립적으로 이루어질 수도 있다. 중요한 것은 학생이 스스로 의미를 부여할 수 있는 활동이어야 하고, 해당 학생의 진로와 관련된 것이라면 더욱 좋다.

예컨대, 국문과 진학을 희망하는 학생이라면, 우리나라 작가의 소설을 50편 읽고 감상문을 쓰는 프로젝트를 1~2년의 기간 동안 할 수 있다. 미술대학을 진학하고자 하는 학생 역시, 일정 기간 동안 주요 전시회 20곳을 관람하고, 감상 비평문을 쓰는 활동을 할 수 있다. 또한, 식물학과를 희망하는 학생이라면 1년 사계절 동안 어떤 지역의 야생화를 관찰하고 기록하여 정리하는 활동을 할 수도 있다. 컴퓨터

공학과를 원하는 학생이라면 어떤 소프트웨어나 휴대전화 어플리케이션을 제작하는 활동을 할 수도 있다.

프로젝트 활동에서 학생들이 얻는 것은 많다. 무엇보다, 지금과 같이 국어, 수학, 영어에서 시험에 나올 것만 집중적으로 공부하는 방식의 생활에 매몰되지 않는다. 이와 달리, 본인의 취미와 특기, 능력, 진로 등과 관련된 일을 찾아 활동하고 탐구하는 새로운 공부를 하게 될 것이다.

학생들은 어떤 활동을 계획하고 실천하고 성과를 내 보면서 실천적 경험을 많이 쌓게 될 것이다. 실제로, 우리의 삶은 어떤 것을 시도해 보고, 그 과정과 성과를 반성한 후, 다시 새로운 일에 도전해 보는 것의 연속이다. 그러므로 고등학교 학생 시절부터 이론적인 공부에만 매달리기보다는 이런 활동을 직접 해보아야 한다. 이 시기부터 실천적인 지식, 실천적인 지혜를 습득해 나가야 한다. 그래야 머리에 든 것은 많아도 행동은 전혀 그렇지 못한 엉터리 어른들을 길러 내지 않는다.

이 과정에서 자기 주도성, 창의성, 협동심과 같은 미래 사회가 요구하는 능력이 함양됨은 물론이다. 이미, 세계적인 교육 선진국들은 단지 교과지식을 가르치는 교육방식을 바꿔 미래 지향적인 역량 위주 교육과정을 도입하고 있다. 뉴질랜드, 호주와 같은 나라가 그렇고, 핀란드, 스웨덴, 덴마크 같은 북유럽 국가가 이런 움직임을 보이고 있다. 우리도 지나친 교과지식 위주의 교육을 탈피할 때가 되었다. 그 시작은 이런 프로젝트 활동을 활성화하는 일이 되어야 한다.

다시 말하지만, 프로젝트 활동이 고등학생에게 주는 교육적 효과는 매우 크다. 학생들이 주도적으로 공부하게 된다. 실제적인 공부를 하게 된다. 창의적인 생각을 하게 된다. 선생님의 도움, 친구와의 협력, 전문가와의 만남 등을 통해 사회성을 기른다. 자신의 진로를 스스로 찾아낸다.

선생님이나 부모, 입학사정관에게도 좋다. 선생님은 수업 또는 수업 이외의 장면에서 어떤 것을 열심히 하는 학생들을 보는 것만으로 행복할 수 있다. 그리고 이 활동에 도움을 줄 수 있고, 격려해 줄 수 있다면 더 행복하다. 부모도 마찬가지이다. 지금처럼 무엇을 공부하는지도 알 수 없는 상황에서 공부하라는 잔소리만 하는 부모가 아니게 된다. 자녀의 프로젝트 활동을 지원하면서 성장하는 과정을 지켜볼 수 있을 것이다. 지금의 교육체제에서 평가할 근거를 찾기 어려워하는 입학사정관에게는 이보다 더 좋은 자료가 있을 수 없을 것이다.

사교육을 우려하는 사람도 있겠지만 이에 대한 우려는 많이 하지 않아도 된다. 다양한 학생들의 프로젝트를 모두 도맡아 진행할 학원은 많지 않다. 선생님이나 입학사정관이 학생의 프로젝트 수행과정과 결과물을 검증할 수 있는 장치는 많다. 학생이 직접 기록한 자료와 결과물을 확인하고 유사한 것을 비교하여 검색하면 된다. 노련한 교사와 입학사정관이라면 이 정도로도 학생이 주도적으로 했는지 타인의 도움에 절대적으로 의존했는지 파악할 수 있다. 특히, 장기간 수행된 프로젝트라면 이러한 검증이 더욱 용이할 것이다.

프로젝트의 활성화를 위해 필요한 일이 있다. 앞서 언급한 바처럼, 새로운 교육과정을 만들 때, 반드시 현재와 같은 과다한 지식 위주의 수업시간을 대폭 감축하는 것이다. 그래야 이 활동을 제대로 수행할 시간을 확보할 수 있다. 이 밖에도 다음 장에서 이야기할 수능시험을 비롯한 대학입시의 전반적인 구조와 내신 성적 산출 방식도 바꿔 주어야 한다.

〈궁금해요! 철샘〉

☞ 프로젝트 활동이 그렇게 좋은가요? 그 장점을 다시 한 번 정
리해 주세요.

　　이미 많은 교육학자들이 프로젝트 활동의 장점을 이야기했습
니다. 김대현 등(1999)이 정리한 것을 소개하겠습니다. 이는 다음
과 같습니다.
　　첫째, 학습자의 내적 동기를 유발시킴으로써 학습의 효과
를 높이고 후속 학습에 대한 의욕을 고취시킨다.
　　둘째, 학습자의 책임감을 길러 준다.
　　셋째, 긍정적인 자아개념을 심어 준다.
　　넷째, 학습자들에게 협동심과 사회적 기술(social skills)을
길러 준다.
　　다섯째, 학교와 사회의 관련성을 인식하게 하고 문제 해결력
을 길러 준다.
　　여섯째, 다양한 탐구 활동과 표현 활동 능력을 길러 준다.
　　일곱째, 사고의 유연성을 길러 준다.
　　여덟째, 체험적 학습기회를 제공한다.
　　아홉째, 교사들에게 새로운 교수 경험을 제공한다.
　　열째, 교육에 대한 학부모의 관심을 높인다.
　　열한째, 교육에 대한 사회의 관심을 촉구시킨다.

☞ 구체적인 실천 사례를 소개해 주세요.

특목고나 국제고 등에서도 사례가 있다고 들었습니다. 그런데 저는 보다 순수하고 원형에 가까운 사례를 들고 싶습니다. 이는 외국의 사례, 그것도 유아교육에서의 사례인데, 이탈리아의 레지오접근법에서 수행하는 프로젝트가 그것입니다.

레지오접근법은 이탈리아 북부 레지오 에밀리아 시(市)가 운영하는 독특한 유아교육방법론과 운영체제를 의미합니다. 이 교육의 기원은 2차 대전 이후, 지역주민에 의해 생겨난 유아학교를 시립으로 전환하기 시작하면서부터입니다. 이 도시의 교육론은 1991년 12월, 뉴스위크지의 "The Best School in the World"라는 기사에서 세계 최고의 유아교육체제로 선정된 이후 크게 주목받게 되었죠.

우리나라에 레지오접근법을 소개하고 전파한 오문자(2010) 교수에 의하면, 레지오의 교육철학은 유아에게 다양한 표현능력이 있다고 믿고, 이들의 자발성, 예술성, 창의성을 존중하는 데 있습니다. 이를 구체화한 교육방법론이 바로 프로젝트 활동인데, 이는 유아들의 관심에 기초하여 어떤 주제를 설정하고, 교사가 협력하여 일정 기간(3개월~1년) 동안 해당 주제를 함께 수행하는 것입니다. 이 활동을 통해 앞서 언급한 특성을 계발할 뿐 아니라, 모둠을 이루어 활동하는 과정에서 자연스레 협동심과 사회성도 기르는 것이죠.

프로젝트는 이탈리아어로는 '프로젝따찌오네'인데, 이는 미국에서 발전된 프로젝트 개념과는 다른 의미가 있습니다. 바로, 계획과 시행의 단계에서 학생의 주도성이 더 발현된다는 점입니다. 따라서 시행과정에서도 계획 때와 다른 점이 드러나면 참여 학생들의 판단에 따라 언제든지 전반적인 수정을 하기도 합니다. 결과보다는 소통과 과정을 중시하는 가치관이 배어 있기 때문이죠.

미국식의 합리적 절차나 결과 위주 사고방식과는 다른 면이 있는 것이죠.

그럼에도 불구하고, 유아들이 만들어 낸 프로젝트의 성과물들은 혀를 내두를 정도로 멋진 것이 많습니다. 시를 대표하는 오페라 극장의 막을 함께 그려 내기도 했고, 모든 학부모와 시민을 감동시키는 멋진 공연을 만들어 내기도 했습니다. 다시 말하지만, 중요한 것은 이런 결과가 아니라, 이런 과정에서 학생들이 성장하고, 선생님, 학부모, 시민들이 서로 협력하고 소통한다는 것입니다.

우리나라에서 레지오 접근법을 표방하는 유치원이나 어린이집은 이미 많습니다. 이러한 좋은 교육론을 유아교육 단계뿐 아니라, 초등학교, 중학교, 고등학교 교육에도 창의적으로 적용해야죠.

# Ⅳ. 성적표에 항목 하나만 더 추가하자

2012년을 기준으로 가정해 보자. 한 일반계 고등학교 1학년의 4개 학급 약 160명의 학생들에게 국어를 가르치는 선생님이 있다. 이 선생님은 혼자서 시험을 출제하고 채점할까 아니면 다른 선생님과 함께 출제하고 채점할까?

정답은 후자이다. 즉, 다른 선생님과 함께 공동으로 출제하고 공동으로 채점해야 한다. 그렇게 하지 않으면 안 된다. 고등학교 교사의 평가방식, 출제, 채점, 생활기록부 기재 등에 이르는 일련의 과정은 시·도 교육청에서 만들어진 지침에 의해 정해진다.

다음은 2011년도 4월, 서울특별시교육청이 관내 고등학교에 내린 지침의 일부이다.

---

제13조 (평가문제 출제) ① 교과협의회에서 과목별 교수목표에 맞는 출제 계획을 수립한 후 출제한다.

② 평가문제는 타당도, 신뢰도, 객관도 및 변별도가 높은 문항으로 출제하고 평가의 영역·내용 등을 포함한 이원목적분류표를 작성하여 활용하되, 교사별로 문항수를 분담하여 출제하는 일이 없도록 하고 **동일교과 담당 교사 간 협의를 통한 공동출제로 학급 간의 성적차를 최소화한다.**

③ 모든 출제 원안에는 문항별 배점을 표시하되, 평가의 변별력을 최대한 높여 **동점자가 가능한 한 생기지 않도록** 가급적 100점 만점으로 출제하며, 평가 문항수를 늘리고, 문항당 배점을 다양화한다. 특히 수준별 난이도의 배열에 유념한다.

출처: 고등학교학업성적관리시행지침(서울특별시교육청)

---

밑줄의 굵은 글씨는 내가 강조한 것이다. 현재의 내신 성적 체제에서 고등학교의 시험은 학급 간에 성적차가 나면 곤란하다. 학생 간에

동점자가 많아도 곤란하다. 내신 성적에서 1등부터 꼴등까지 석차를 내고 등급을 매겨야 하기 때문이다.

이 지침의 근거는 '학교생활기록의 작성 및 관리에 관한 규칙' 및 '학교생활기록 작성 및 관리지침'과 같은 교육과학기술부 훈령이다. 여기서 확인할 수 있듯이, 학생에 대한 평가권은 선생님에게 있지 않다. 국가와 시·도 교육청의 지시를 따르는 것만 인정된다. 출제, 채점, 평가 결과의 기록에 이르는 일련의 평가과정에서 선생님의 전문성과 독립성은 존중받지 못한다. 그보다는 출제 문항의 신뢰도, 변별도, 난이도를 높이고 이로써 평가 결과에 대한 객관도를 보장하는 일이 더 중요하다.

평가의 과정에 국가가 이처럼 획일적 지침을 강요하는 이유는 무엇일까? 그 명분은 학생 간의 치열한 성적 경쟁이다. 현재의 대학 입학 전형에서 고등학교의 내신 성적은 대학 진학에 큰 영향을 미치는 요인 중 하나이다. 보다 나은 내신 성적으로 대학을 진학하려는 학생들에게 학교 시험의 평가결과는 민감한 사항이다. 따라서 조금이라도 분쟁의 여지를 만들지 않으려면 객관화된 시험문제를 출제해야 하고, 획일적인 성적 처리 지침이 필요하다. 성적을 기록하는 방식도 다르면 곤란하다. 사정이 이러하니 정부는 전국에 있는 모든 고등학교의 시험을 획일적으로 관리하려 한다.

하지만 이러한 획일적인 평가방식으로 말미암아 학생, 교사를 비롯한 국민 모두의 가치관과 교육관이 단순화된다. 객관적 지식이 존재한다는 가정, 즉 객관주의 내지 절대주의 지식관이 자신도 모르게 내면화된다. 주어진 5지 선택형 지문 내에서 고민하고 판단하는 데 익숙해진다. 교육은 객관적 지식을 전달하는 과정이며, 시험은 학생이 이를 습득한 정도를 측정해서 상대적 서열을 드러내는 과정일 뿐이라고 생각하게 한다.

## □ 수업 담당 선생님이 평가해야 한다

나는 평가를 수업을 담당하는 선생님에게 맡겨야 한다고 본다. 즉, 출제, 채점, 성적의 기록에 이르는 모든 과정을 수업담당 선생님에게 일임하는 것이다. 예컨대, 1학년 1반부터 4반까지 동일한 과목으로 수업하는 선생님은 이 학생들을 대상으로 본인이 출제한 시험문제로 평가할 수 있어야 한다. 5반부터 8반까지 같은 과목을 수업하는 다른 선생님은 역시 자신이 수업한 특성에 따라 독자적으로 시험을 출제하고 평가할 수 있어야 한다. 그래야 교육적 차원의 평가가 가능해지기 때문이다.

시험 문항의 형식도 5지 선택형으로 제한할 이유가 없다. 또는 시·도 교육청이 지침을 통해 30% 이상 서술형 문항을 출제하라거나, 수행평가를 해야 한다고 규제할 필요도 없다. 과목의 특성에 따라 선생님들이 자율적으로 판단하여 출제하게 해 주면 된다. 지침이 필요하다면 상당히 포괄적으로 제시하는 선에서 멈추어야 한다. 시·도 교육청이 해야 할 일은 이러한 지침을 만드는 일이 아니라, 선생님이 평가 전문성을 갖출 수 있도록 각종 지원을 아끼지 않는 것이다.

이런 시험 운영은 대학에서는 당연한 방식이다. 고등학교에서 이런 시험을 운영하지 못할 이유가 없다. 만약, 앞서 이야기한 내신 성적에 대한 학생의 민감한 반응 때문이라면 이는 해소될 수 있다. 이제 내가 제안하고자 평가방식과 기록이라면 그 반응이 달라질 것이기 때문이다. 이미 MB 정부에서 나의 제안의 기초가 되는 성취평가제라는 평가방식을 제안한 바가 있으므로 이 제도부터 이해하자.

## □ MB 정부의 성취평가제란?

2011년 12월, 교과부는 '중등학교 학사관리 선진화 방안'을 발표하였다. 이에 따르면 고등학교에서는 2014년부터 성취평가제가 도입된다. 교과부 설명에 의하면, 성취평가제란 교육과정에서 정한 학업성취 수준의 도달 여부를 평가하는 것을 의미한다.

성취도를 제시하는 방법은 교과 영역과 과목 수준에 따라 다르다. 보통교과의 경우, 교양교과와 기초교과의 기본과목은 P, (F), 체육 · 예술교과의 기본과목은 A, B, C, (F), 이외의 모든 과목은 A, B, C, D, E, (F)로 표시한다고 한다. 교과부가 제시한 고등학교 보통교과의 평가단계는 다음과 같다.

| 현행 | 변경 | 적용대상 | |
|---|---|---|---|
| | | 교과 영역* | 과목** |
| 이수 | P, (F) | 교양교과 (논리학 등) | 일반과목 |
| | | 기초교과 (영·수) | 기본과목 |
| 우수, 보통, 미흡 | A, B, C, (F) | 체육·예술교과 | 일반과목 |
| 9등급<br>(상대평가) | A, B, C,<br>D, E, (F) | 기초교과 (국·영·수) | 일반과목, 심화과목 |
| | | 탐구교과 (사·과) | 일반과목, 심화과목 |
| | | 생활교과 (기술·가정/<br>제2외국어/한문) | 일반과목, 심화과목 |
| | | 체육·예술교과 | 심화과목 |

※ (F)는 '13학년도 시범운영 후' 14학년도에 도입 여부 검토
* 보통교과 교과영역: 기초, 탐구, 체육·예술, 생활·교양
** 2009 개정 교육과정은 보통교과를 수준별·영역별로 기본/일반/심화과목으로 구분

위 <표>의 주석 중 보통교과의 교과영역인 기초영역, 탐구영역, 체육·예술, 생활·교양은 교육과정에 있어 교과를 묶는 큰 구분으로 현행 '2009 개정 교육과정'이나 내가 제안하는 '2013 개정 교육과정'에도 그대로 활용하였다. 따라서 여기에 대해서는 별도의 설명을 하지 않겠다. 그런데 두 번째 주석에 있는 기본/일반/심화과목의 구분에 대해서는 설명이 필요하다. 이를 위해 이보다 앞선 자료를 살펴보자.

2010년 4월 8일, 교과부는 고등학교의 교육력을 제고한다는 취지에서 기초과정과 심화과정의 개설이 가능하며, 이들 과목에 대한 학교생활기록부의 기술방식은 달리 한다는 내용을 발표한 바 있다. 주요 내용은 다음과 같다.

첫째, 영어·수학 등 수준별 선택이 필요한 교과의 경우 기초과정과 심화과정을 추가 개설할 수 있다. 이는 학생에게 수준에 맞는 학습을 선택할 수 있게 하기 위함이다. 따라서 이들 교과목은 아래와 같이 기초, 일반, 심화 과목으로 나뉠 것이다.

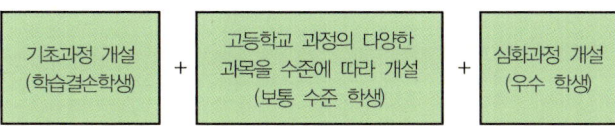

둘째, 학교생활기록부 기재 방식을 개선한다. 기초과목·심화과목은 학교생활기록부에 석차등급을 기재하지 않고, 학생이 일정 기준을 통과하였을 경우에만 '이수'하였음을 기재한다.

여기서 보듯, 교과부는 이미 2010년에 고등학교 보통교과의 과목을 수준과 영역에 따라 기초·일반·심화 수준으로 나누어 개설할 수 있도록 했다. 또한, 이런 기초과목과 심화과목은 성취 결과를 '이수'로만 기록하겠다고 하였다. 대개의 고등학교에서는 일반수준의 과목을 개설하겠지만, 학습결손이 심한 학생, 학업 성취도가 우수한 학생을 위한 수준별 수업을 가능하도록 하기 위한 조치라고 볼 수 있다.

그런데 2010년 4월에는 기초·일반·심화과목이라고 표현했다가 2011년 12월의 발표에서는 기본·일반·심화과목으로 '기초'를 '기본'으로 바꾸어 표현하였다. 이는 기초영역, 보통과목, 기본과목, 일반과목 등 용어를 혼란스럽게 사용하므로, 이를 정비하려 한 것으로 보인다. 하지만 여전히 구분하기 어렵다. 나는 이 혼란을 조금이라도 피하고자, 이 글에서는 기본·일반·심화 과목이라는 표현을 기본·일반·심화 수준이라는 말로 바꾸고자 한다. '과목'을 '수준'으로 바꾸는 것이다. 이 분류는 본래 수준과 영역에 따른 것이므로 이렇게 표현하는 것이 오히려 적절하다고 본다.

이 밖에도, 내용에 있어 2011년 12월의 발표에서 달라진 것 하나는 기초교과(영·수)의 기본수준은 동일하게 '이수' 여부만 표시하지만, 심화수준은 A, B, C, D, E, (F)의 6단계로 표시한다고 한 점이다. 공부를 잘하는 학생들이 수강하는 심화수준에 대해서는 등급을 더 세분화하는 것이 필요하다고 판단한 모양이다.

그런데 교과부에서는 이 6단계의 의미를 다음과 같이 설명한다.

> A는 내용영역에 대한 지식 습득과 이해가 매우 우수한 수준으로 성취율 90% 이상이다. B는 우수한 수준으로 80% 이상 90% 미만, C는 만족할 만한 수준으로 70% 이상 80% 미만, D는 다소 미흡한 수준으로 60% 이상 70% 미만, E는 미흡한 수준으로 40% 이상 60% 미만, F는 최소 성취 수준에 미달해 별도 교육 없이 다음 단계로 가기 힘든 수준으로 40% 미만을 의미한다.

하지만 학교 현장에서는 이를 '%'의 의미보다는 '점'의 의미로 해석하기 쉽다. 즉, 100점 만점 중 90점 이상은 A, 80점 이상은 B, 70점 이상은 C, 60점 이상은 D, 40점 이상은 E, 그리고 40점 미만은 F로 처리할 것이다. 그러므로 교과부의 방안은 과거 '수, 우, 미, 양, 가' 체제와 크게 다르지 않은데 다만, 국제적 통용성을 위해 'A, B, C, D, E, F'의 영문을 사용한 것으로 보인다.

더불어, 교과부는 이를 생활기록부에 표기하는 경우엔 성취도(A-B-C-D-E-(F))를 기재하되, '원점수/과목평균(표준편차)'도 병기한다고 하였다. 그 이유는 성적 부풀리기 방지, 평가의 난이도, 점수

분포 등에 관한 정보를 제공하기 위함이라고 하였다. 교과부가 발표한 생활기록부 표기방법을 현재의 방식과 비교하면 다음과 같다.

〈표 2-7〉 고등학교 생활기록부 표기방법 비교

| 〈2013년까지〉 | | | | | 〈2014년 이후〉 | | | |
|------|------|------|------|---|------|------|------|------|
| 과목 | 단위 수 | 원점수/과목평균(표준편차) | 석차등급(수강자수) | ⇒ | 과목 | 단위 수 | 원점수/과목평균(표준편차) | 성취도(수강자수) |
| 수학 | 3 | 95/70(10) | 1 (532) | | 수학 | 3 | 95/70(10) | A (532) |

※ 교양교과 및 기초교과의 기본과목은 현행대로 단위 수와 이수 여부만 기재
※ 체육·예술교과는 현행대로 성취도만 기재하되, 명칭만 변경(우수·보통·미흡→A·B·C)

## □ 절대평가와 상대평가라는 딜레마의 뿔 피하기

학업성취의 수준을 어떤 기준으로 평가하고, 이를 어떤 방식으로 기록하느냐는 고등학교 수업 분위기는 물론이고 나아가 우리나라 전체 교육을 좌우하는 중요한 문제이다. 쉽게 판단할 일이 아니다. 이를 결정하기 위해서는 절대평가와 상대평가의 장단점을 잘 파악해야 한다. 현재와 같은 기록방식으로 운영되고 있는 배경도 이해해야 한다.

참여정부 시절, 고등학생의 내신 성적은 절대기준 5단계의 '수, 우, 미, 양, 가'로 평가하고 표시했었다. 그런데 몇몇 대학에서는 일부 고등학교가 소위 '성적 부풀리기'를 하고 있다는 문제를 제기했다. 즉, 고의적으로 시험문제를 쉽게 출제하여 대부분의 학생이 '수', '우'의 우수한 성적을 받게 한다는 것이었다. 이들 대학의 불만은 고등학교

마다 성적을 주는 기준이 다르니 객관적으로 우수한 학생을 판별하기 어렵다는 것이었다. 이러한 지적은 일부 수긍할 만했다. 따라서 이미 2004년 10월, 참여정부에서는 2008년 입시부터는 상대평가에 의한 9등급제로 내신 성적을 평가하고 표기하겠다고 발표했다. 이후, 지금까지 상대평가 9등급제가 고등학생의 내신 성적을 평가하는 전국적인 기준이었다.

그런데 교과부의 이번 발표대로라면, 이 제도는 2013년 입시까지만 유지될 것 같다. 교과부가 절대평가방식의 성취평가제를 하겠다고 하니 말이다. 물론, 교과부의 설명대로, 상대평가의 문제점은 학생들로 하여금 과도한 스트레스와 불필요한 경쟁심을 조장한다. 교사나 학생은 자신이 어느 정도 성취했는지보다는 오직 다른 학생과의 비교에 의해 자신의 성취도를 판단하게 된다. 자기 주도성, 창의성을 요구하는 시대에 적합하지 않은 방식임이 분명하다.

교육적 차원에서 보자면, 상대평가 방식보다는 교육목표에 도달한 여부를 파악하는 절대평가 방식이 맞다. 절대평가가 새로운 교육이 지향하는 평가관에 가깝다. 하지만 상대평가가 유용할 때도 있다. 대학 입학 전형과 같이 선발을 목적으로 하는 시험에서이다. 이 경우, 상대평가에 의한 점수와 석차는 객관적이고 공정한 기준을 제시하는 것으로 보인다. 많은 사람들이 이런 점수에 의한 합격과 불합격의 판정을 공정하다고 믿는다. 따라서 고등학교에 어떤 평가방식을 적용할 것이냐의 문제는 두 평가의 장단점과 특성을 고려하여 결정할 문제이다.

그런데 MB 정부의 성취평가제는 과거 참여정부의 '수, 우, 미, 양, 가' 5단계 절대평가제로 회귀한 것에 불과해 보인다. 몇 가지 보완책을 마련했다고는 하지만 충분하지 않다. 무엇보다 다른 조건이 변하지 않았다. 교육과정도 바뀌지 않았고, 학급당 학생 수도 그대로이다. 내가 앞서 제시한 제안들에 대한 언급이 전혀 없다. 이런 상황에서 성취평가제를 도입하면 학교 현장은 더 혼란에 휩싸일 것이다. 이쪽으로 흔들렸다가 저쪽으로 흔들렸는데, 다시 이쪽으로 흔들리는 꼴이다. 이렇게 해서는 절대평가와 상대평가의 딜레마에서 벗어날 수 없다. 오히려 딜레마에 더 빠져들 뿐이다.

한마디로, 교과부의 '중등학교 학사관리 선진화 방안'은 성급한 발표이다. 이상에 치우쳐 현실을 충분히 고려하지 않았다. 진정으로 이상적인 평가방안을 실현하고자 했다면 고등학교의 교육여건을 충분히 개선해야 하고, 대학이 고등학교 내신 성적을 어떻게 반영할 것인지에 대한 방안도 제시해 주어야 했다. 하지만 이런 종합대책이나 방안은 보이지 않는다. 고등학교 학생의 성적을 기록하는 문제를 너무 쉽게 생각했다.

교과부의 성취평가제를 반대하는 전교조 등의 단체에서는 이것이 결과적으로 내신의 변별력을 사라지게 할 것이고, "내신이 무력화되고 교과부가 수능마저 쉽게 출제한다면 논술이 옛날의 본고사 수준이 돼 당락을 결정할 것"이라고 주장한다. 또한, "대학들은 고교등급제를 통해 일부 우수한 고교를 거르고, 나머지 고교의 내신 성적은 사실상 반영하지 않아 내신이 무력화할 수밖에 없다"며, 사실상 고교등급제를 인정하는 결과를 초래할 것이라도 주장한다. 결과적으로, 이 제도는 외고와 자사고 등 소위 입시 명문고에만 유리할 것이라고 비판한다.12) 대학을 신뢰하지 못하는 감정이 숨겨져 있기는 하지만 일리 있는 주장이다.

이런 비판을 넘어서면서 냉탕과 열탕을 오가는 해법을 벗어나는 해법이 나에게 있다. 그것은 간단하다. 절대평가와 상대평가를 혼용하여 제시하는 것이다. 방법도 쉽다. 2014년 이후 교과부가 도입하고자 하는 표기방법에 학생이 거둔 성취의 상대적 백분위만 표시하면 된다. 한 항목만 더 추가하는 것이다. 다만, 표기 순서는 보기 쉽게 조정한다. 한 칸은 해당 학생이 거둔 성취를 표시하고, 다른 칸은 해당 평가에 대한 일반 정보를 제공한다.

앞의 <표>를 활용하여 백분위를 표기하는 방안을 제시하면 다음과 같다.

〈표 2-8〉 고등학교 생활기록부 표기방법 개선(안)

| 과목 | 단위 수 | 성취도/<br>원점수<br>(백분위) | 평균/<br>표준편차<br>(수강자수) |
|---|---|---|---|
| 수학 | 3 | A/95.0<br>(4.17) | 70/10<br>(80) |

백분위가 제공된다면 어떤 대학은 성취도가 아니라 백분위를 반영할 수도 있다. 또한 성취도와 백분위를 혼합하여 적용할 수도 있다. 교과부는 이를 걱정하기에 백분위 기록을 하지 말자는 것이다. 하지만 이건 걱정하지 말자. 이를 어떻게 활용하여 학생의 내신 성적을 산출하느냐에 대해서는 대학에 맡기자. 국가가 이러래 저래라 개입하지 말자. 이렇게 되면, 어떤 대학은 이를 변칙적으로 적용하여 내신을

---

12) 한겨레신문(2011.12.13). "15년 전과 한글→영어 표기만 달라"...고교등급제·본고사 우려.

무력화하고 입시명문고에게 유리한 방식을 만들어 낼지도 모른다. 하지만 어떤 대학은 사회적 책임을 다하고, 사회정의를 실현하는 전형 방식을 고안해 시행할 것이다.

그런데 이처럼 절대평가와 상대평가의 모든 정보를 대학 측에 제공하면 달라지는 점이 있다. 즉, 고등학교 측에서 어느 대학이 입시명문고에 유리한 방식을 적용하려 하는지 혹은 아닌지를 쉽게 알 수 있다. 어떤 대학이 변칙적인 꼼수를 쓰는지 아닌지도 알 수 있다. 모든 성적 데이터를 제공하므로 결과를 비교하면, 실제 반영요소가 무엇인지를 파악할 수 있기 때문이다. 이를 알 수 있다면 그 다음은 시민사회의 몫이다. 무책임한 대학에 대한 평가와 응징, 반대로 사회정의를 실현하고자 하는 책임 있는 대학에 대한 평가와 찬사는 시민사회의 몫으로 남기자.

요컨대, 나의 제안은 상대평가와 절대평가 중 어느 하나를 택해서는 여전히 문제를 해결할 수 없으므로 둘 다 표시하자는 것이다. 이는 본래 둘 중 어느 하나만 선택할 수밖에 없는 문제가 아니었다. 둘 다 표기하면 되기 때문이다. 그러므로 사실은 딜레마가 아니다. 딜레마처럼 보이는 상대평가와 절대평가의 문제는 둘 다 적용함으로써 두 뿔을 잡고 넘어갈 수 있다. 그 다음은 대학에 사회적 책임을 묻는 것이 남을 뿐이다.

〈궁금해요! 철샘〉

☞ 모든 과목의 성적을 상대적 서열과 절대적 성취도까지 모두를
표기하게 되면 학생들은 학업에 대한 부담을 너무 크게 느끼
지 않을까요?

앞에서 저는 전체 수업시수를 대폭 줄이자고 했습니다. 이처럼
전체 수업시수를 줄이면 이미 공부 부담이 줄어듭니다. 그런데 저
는 학교에서 배우는 모든 과목이나 활동에 대해 학생들은 열심히
임해야 한다고 생각합니다. 그래야 바르게 성장할 수 있습니다. 지
금처럼 어떤 과목은 중요하니까 열심히 하고, 다른 과목은 중요하
지 않으니 대충 해도 되는 체제가 문제입니다. 이왕에 채택된 과목
이나 활동은 철저하게 공부시키고 평가도 제대로 하는 것이 좋습니
다. 이왕 할 공부는 제대로 해야죠.

다만, 고등학교 보통과목 모두를 이렇게 평가하고 기록할 필요는
없다고 봅니다. 교과부의 방안과 마찬가지로, 기초교과의 기본수준
과목에 대해서는 단위 수와 이수 여부만 기재하게 해도 됩니다. 체
육·예술교과도 절대기준의 A·B·C만 기록합니다. 이들 과목은 상
대적 서열이나 백분위가 필요하지 않기 때문입니다. 학생들이 이 과
목을 통해 기초를 다시 잡고, 수업에 임할 때 즐겁고도 열심히 참여
하게 하는 것만으로도 충분히 교육적 목표를 달성할 수 있습니다.

그런데 교양교과는 다른 보통과목처럼 6단계 평가와 백분위를 모
두 표기하면 좋겠습니다. 교양교과의 과목은 생활과 철학, 생활과
논리, 생활과 심리, 생활과 교육, 생활과 종교, 생활 경제, 안전과
건강, 진로와 직업, 보건, 환경과 녹색성장 등입니다. 학생들은 다
른 과목에서도 가능하지만 특히, 이 과목에서 더 풍부한 지식과 소
양을 닦을 수도 있죠. 다른 과목보다 더 열심히 수업하는 선생님도

있을 수 있고요. 그러므로 학생이 이 과목을 수강할 때도 다른 교과와 같은 긴장감과 성실함으로 공부할 수 있게 해 주어야 합니다. 교양교과는 다른 교과와 다르게 평가하고 표기할 이유가 없다고 봅니다.

제 생각을 정리하여 앞의 표를 활용해 제시하면 다음과 같습니다.

〈표 2-9〉 보통교과 성취도 및 백분위 표기방법 개선(안)

| 보통 교과 | | 성취도 | 백분위 |
|---|---|---|---|
| 영역·교과(군) | 수준 | | |
| · 기초교과(영·수) | 기본 | P, (F) | 표기하지 않음 |
| · 체육·예술교과 | 일반 | A, B, C, (F) | 표기하지 않음 |
| · 기초교과(국·영·수) | 일반, 심화 | A, B, C, D, E, (F) | 표기함 |
| · 탐구교과(사·과) | 일반, 심화 | | |
| · 생활교과 (기술·가정/제2외국어/한문) | 일반, 심화 | | |
| · 교양교과(생활과 철학 등) | 일반 | | |
| · 체육·예술교과 | 심화 | | |

# V. 대입을 위한 시험은 두 가지로 하자

## □ 현재의 고3 수업은 파행이다

현재 고등학교 3학년 수업은 파행으로 운영되고 있다. 고등학교 생활 중 가장 열심히 공부하는 기간인 3학년 수업이 파행이라면 의아하게 생각될 수도 있겠지만 실제는 그러하다. 파행의 주된 이유는 수능시험을 비롯한 대학입시제도 전반에 있다. 앞서 언급한 학사일정과도 관계가 깊다.

수능시험이 다가올수록 학생들은 학교에 이런 요구를 한다.

> "저는 예체능계 대학으로 진학해야 하니 정규수업 대신 실기연습을 하게 해 주세요."
> "이 수업은 저의 수능 선택과목이 아니니 다른 공부를 하도록 허락해 주세요."
> "이 과목은 내신 성적에 반영되지 않는데 왜 수업을 하나요? 자습하게 해 주세요."
> "학교 수업은 의미가 없으니 인터넷 강의를 듣게 해 주세요."
> "밤늦게까지 입시 공부하느라 힘들어요. 수업시간에는 자게 해 주세요."

학생들이 이렇게 요구하는 이유는 교사가 하려는 수업과 학생이 필요로 하는 수업이 일치하기 않기 때문이다. 지금의 수능시험은 학생마다 응시과목이 다르다. 하지만 학교 수업은 개별학생에게 맞추어 있지 않다. 그렇게 시간표를 작성할 수 없다. 그러므로 많은 학생들이 수능 공부는 학원이나 인터넷 강의에서 충족하고, 학교 수업시간은 자습이나 휴식시간으로 여기려 한다.

실제로, 학생들의 자습 요구가 극대화되는 시점이 되면 대부분의 학교에서 수업시간은 자습시간으로 운영된다. 그 시기는 학교에 따라, 교과에 따라, 선생님에 따라 다르다. 빠르면 6월부터, 대체로는 2학기부터가 될 수 있다. 물론, 영어와 국어와 같이 모든 학생에게 중요한 과목은 수능 전까지 수업이 진행되기도 한다. 사회와 과학에서는 해당 과목으로 시험을 치르는 학생들만 모아서 집중 수업을 할 수도 있다. 이런 방식이 효율적이기 때문이다. 그러나 이것이 정상적인 수업 운영이 아님은 분명하다.

수능시험은 11월 초에 있다. 이 중대한 시험을 마치고 나면 많은 학교가 천천히 기말고사를 치른다. 문제는 이 시험이 끝난 후 더 불거진다. 법규에 따르자면, 기말고사를 치른 후에도 학생은 한 달 이상 등교해야 한다. 그래야 200일 이상 되는 수업일수를 채워 졸업할 수 있다. 수업시수도 7교시까지 모두 해야 한다. 그러나 수능시험과 기말고사도 모두 치른 고3 학생들에게 이렇게 수업하기란 현실적으로 어렵다. 이미 수능 전에 수업이 멈추어졌는데, 이 상황에서 다시 무엇을 더 가르칠 수 있단 말인가?

대부분의 학교는 특별 프로그램을 운영하는데, 이것도 형식적으로 할 수밖에 없다. 선생님과 학교 측은 나름대로 특강, 공연, 봉사활동, 체험활동 등을 통해 학생들이 의미 있게 이 시간을 보내도록 준비한다. 하지만 이런 프로그램에 학생들이 열심히 참여할 리 만무하다. 오전에 서둘러 프로그램을 마치고, 형식적으로는 오후까지 잘 진행된 것으로 기록한다.

이미 6월이나 9월부터 파행적인 수업이 진행되던 고3 교실은 수능이 끝난 이후부터 12월 말까지는 명백히 무의미한 시간으로 운영된다. 하지만 모른 체한다. 잘 이루어진 것으로 기록되고 만다. 겉 다르고 속 다른 현실, 이런 세상 물정을 학생들에게 일찌감치 가르치고 있는 셈이다.

이런 문제가 초래된 이유는 대학입시, 수능시험이 학교 현장에 미치는 영향을 심각하게 고려하지 않았기 때문이다. 이 시험이 고등학교의 수업과 학사일정에 미치는 영향을 잘 몰랐기 때문이다. 현장을 잘 모르고 있는 사람들은 이런 비현실적인 정책을 자꾸 만들어 낸다.

## □ 철학의 부재를 보여 주는 2014 수능시험

2011년 1월, MB 정부에서는 2013년도 11월에 치르게 될 '2014학년도 수능시험 개편안'을 발표하였다. 이 안에 따르면, 기존에 언어, 수리, 외국어라는 이름으로 치러진 시험과목명은 국어, 수학, 영어와 같은 교과과목명으로 바뀌고 학생은 수준에 따라 분류된 A형과 B형의 시험 가운데 하나를 선택해서 응시한다.

사회·과학탐구에서는 학생이 택할 수 있는 최대 선택과목 수가 3과목에서 2과목으로 더 축소된다. 지금도 적은데 더 줄어든다. 직업탐구 과목을 선택할 경우엔, 5개 과목 중 1과목을 선택한다. 또한, 제2외국어/한문은 선진화된 평가방법을 준비할 것을 전제로, 당장은 기존처럼 1과목을 선택하여 응시할 수 있는 길을 남겨 놓았다.

개편방안은 기존의 수능시험에서 크게 변화하지는 않았다. 교과부 설명에 따르면, 달라진 점은 다음과 같다.

<표 2-10> 2014학년도 수능시험 개편 사항

| 기존 | | | 개편 | |
|---|---|---|---|---|
| 언어영역 | | 국어 | A형* | |
| | | | B형* | |
| 수리영역 | 나형 | 수학 | A형* | |
| | 가형 | | B형* | |
| 외국어영역 | | 영어 | A형* | |
| | | | B형* | |
| 탐구영역<br>(사회·과학<br>·직업 중<br>택 1 하여<br>응시) | 사회탐구영역<br>(11과목 중 3과목<br>선택) | 탐구<br>(사회·과학<br>·직업 중<br>택 1 하여<br>응시) | 사회<br>(10과목 중 2과목<br>선택) | |
| | 과학탐구영역<br>(8과목 중 3과목 선택) | | 과학<br>(8과목 중 2과목<br>선택) | |
| | 직업탐구영역<br>(17과목 중 3과목<br>선택) | | 직업<br>(5과목 중 1과목<br>선택) | |
| 제2외국어/한문영역<br>(8과목 중 1과목 선택) | | 제2외국어/한문<br>(8과목 중 1과목 선택) | | |

* B형은 현행 수능 수준. A형은 현행 수능보다 출제범위를 줄이고 쉽게 출제

출처: 위와 같음

눈에 띄는 변화는 앞서도 언급한 바와 같이, 시험과목명에서 영역이라는 표현이 삭제되고 국어, 수학, 영어와 같은 교과과목명을 그대로 사용한다는 것이다. 또한 국어, 수학, 영어에 A형, B형이 생겼다는 점이다. 탐구과목은 사회, 과학, 직업탐구에서 3과목을 선택할 수 있었으나, 사회와 과학은 2과목, 직업은 1과목 선택으로 더 줄었다. 왜 이렇게 하려는 것인지 이해가 가는가?

교과부가 제시하는 목표는 세 가지이다.

◦ 첫째는 '과도한 시험 준비 부담이 없는 수능'이다.
- 수험생이 본인의 진로 등에 따라 필요 이상으로 시험 준비를 하지
  않도록 국어·수학·영어 과목에 수준별 시험을 도입하고 탐구과목
  은 선택과목 수를 축소하였다.

◦ 둘째는 '별도 사교육 없이 학교 수업을 통해 준비할 수 있는 수능'
  이다.
- 이를 위해 교과 중심의 출제를 강화시켜 학교에서 가르치는 내용과
  수능에서 출제하는 내용을 일치시킬 계획이다.

◦ 셋째는 '교육과정 취지 반영으로 고교교육 정상화에 기여하는 수능'
  이다.
- 국·영·수 교과의 수준별 편성에 따라 수준별 시험을 도입하는 등
  고교에서 2009 개정 교육과정의 취지를 살려 학교 교육과정을 편성
  및 운영할 수 있도록 수능을 개편하였다.

출처: 위와 같음

시험 준비에 시달리는 학생을 배려하고, 사교육비 부담에 허리가
휘는 학부모를 생각하고, 무너지고 있는 고등학교를 바로 세우기 위
해서라는 것이다. 이유는 감동적이다. 하지만 우리나라에서 수능시험
이 갖는 비중과 이로 인해 발생되는 입시 위주 교육, 사교육문제 등
의 심각함에 비해서는 너무나 소박한 목표로 보인다. 또한, 이 방안으
로 여기에 제시된 목표가 달성될 수 있을지에 대해서는 고개가 갸웃
거려진다.

앞에서 지적했듯이, 수능시험의 변화는 고등학교는 물론이고, 중학
교, 초등학교 심지어 유아의 교육과 전체 사교육시장을 흔들어 놓는
다. 물론, 이는 수능시험 하나가 아니라 대학 입학 전형 전체가 미치
는 효과로 보는 것이 더 정확할 것이다. 그렇지만 여전히 수능시험의

비중이 매우 크므로, 이를 바꾸려면 세심한 논의가 필요하다. 더 많은 사회적 논의도 거쳐야 한다.

하지만 이 방안은 이러한 고려와 절차가 매우 부족했다. 많은 하자로 인해 앞서 교과부가 제시한 세 가지 목표의 성취는 불가능할 것이다. 이 방안이 갖는 문제점은 다음과 같다.

첫째, 국어, 수학, 영어 과목에 대한 학습의 편중과 시험 부담을 감소시키지 못한다. 국어, 수학, 영어 과목에 편중된 교육과 학습의 문제는 우리 교육에서 이미 오랫동안 지속된 문제인데, 이번 개정안을 통해 해소되기는커녕 더 심화되고 있다. 기초영역인 국어, 수학, 영어는 여전히 모두 응시하게 되지만, 탐구영역에서는 최대로 선택할 수 있는 과목의 수가 줄었기 때문이다. 이 영역에서 본래 4과목까지 선택할 수 있던 과목 수는 MB 정부 들어 3과목으로 줄고, 이 방안에 의해 다시 2과목으로 줄었다. 대학에 따라 탐구영역을 아예 반영하지 않거나 1과목만 반영하는 대학도 있을 것이므로 학생의 입장에선, 탐구영역의 과목은 공부의 우선순위에서 뒤로 미루게 된다. 학기마다 어느 정도의 탐구과목이 배치되어 있겠지만, 이 과목을 수능과목으로 선택해 볼까 말까 하는 생각으로 대할 뿐 진심으로 공부하기는 어렵다. 학생은 국어, 영어, 수학에 더 집중할 수밖에 없다.

국어, 수학, 영어로 시험과목명을 변경하면서 출제영역을 제한한 것도 문제이다. 지금까지 명명되어 온 언어, 수리, 외국어는 단지 교과목의 명칭이 아니었다. 이러한 이름을 붙인 이유는 국어, 수학, 영어와 같은 해당 과목의 내용에 기초하되, 고등학교에서 배워야 할 많은 교양적 지식, 예컨대 음악, 미술, 체육, 철학 등 다양한 내용을 담고자 했기 때문이다. 그런데 학교에서 가르치는 내용을 출제한다는 명분으로 시험 과목의 명칭을 과목명으로 바꾸고 영역을 제한함으로써 이 시험은 교과 시험으로 축소될 수밖에 없다. 다양한 교양, 예술·체육교과를 공부할 이유가 더 없어진 셈이다. 학생은 오로지 국어, 수학, 영어만 하면 된다.

국어, 수학, 영어를 공부하는 것 자체는 문제가 아니다. 이 과목들은 교육과정에서도 기초영역으로 분류되어 있는 만큼 대학에서의 본격적인 공부를 위한 기초로서의 가치가 충분히 있다. 그렇지만 학생들이 다른 공부는 하지 않고, 이 과목들에만 편중해서 공부하는 것은 문제이다. 또한, 이 공부라는 것도 시험공부에 국한되니 더 큰 문제이다. 지금의 수능시험은 전국의 수험생이 모두 응시하며 상대평가에 의해 순위가 매겨진다. 문항의 출제유형은 5지 선다형이 주를 이룬다. 이런 상황이라면 학생은 더 나은 점수를 받기 위해 공부할 뿐, 이 과목에서 응당 배워야 할 내용과 가치를 공부하지는 않게 된다. 목적과 수단이 바뀌는 것이다.

둘째, 사교육이 줄어들 가능성도 별로 없다. 중요 과목인 국어, 수학, 영어가 갖는 특성이 하나 더 있다. 단기간의 공부로 성과를 거두기 어렵다는 것이다. 따라서 우리나라의 학부모와 학생들은 이 과목을 공부하기 위해 아주 어린 나이부터 비싼 사교육비를 감내하면서 투자한다. 우리나라 사교육 시장의 주된 과목이 이들 과목이라는 점에는 모두 동의할 수밖에 없을 것이다. 그런데 이번 개편방안에서 이들 과목의 비중은 전혀 줄지 않았다. 상대적으로 보면 오히려 늘었다. 사교육 수요가 줄어들 이유가 없는 것이다.

교과부는 학교에서 가르치는 내용을 중심으로 쉽게 출제하겠다고 한다. 또한, 수준에 따라 현재 수능보다 쉬운 A형과 현재 수능 수준의 B형으로 시험을 나누게 되므로, 학생들의 부담이 줄고 따라서 사교육도 적어질 것이라고 한다. 그러나 현재의 시스템을 유지하는 상태에서 출제를 쉽게 한다거나, A형, B형을 구분하는 것으로는 한계가 있다.

아무리 학생들에게 부담이 없는 내용과 수준으로 출제한다고 해도, 문항 가운데는 난이도가 있는 문제가 있을 수밖에 없다. 이런 변별력 있는 문항이 없으면 상대적 서열을 드러낼 수 없기 때문이다. 그리고 이런 어려운 문항이 하나든 여러 개든 학생 입장에선 이를 맞혀 다른 학생보다 나은 성적을 받아야 한다. 이를 위해서라면 비싼 사교육비도 어쩔 수 없이 또 감당해야 한다. 전체적인 틀은 변화가 없는데, 편중된 공부나 입시 위주 교육, 사교육문제가 해결될 수 있으리라 기대하는 것은 앞뒤가 맞지 않는다.

셋째, 고등학교 교육의 비정상적 상태 역시 계속되거나 더 심화될 것이다. 이 시험방식에서 성공하기 위해 고등학교는 어떤 전략을 취할까? 일단, 국어, 수학, 영어 과목을 최대한 수업시간에 배정할 것이다. 그러고는 다른 과목은 최대한 적게 편성할 것이다. 당장은 급격한 감축은 일어나지 않을지 모른다. 해당 교과의 선생님을 갑자기 해고할 수는 없기 때문이다. 그러나 적어도 채용을 줄이게 될 것이므로 장기적으로는 그런 변화를 가져올 것이 분명하다.

결과는 고등학생의 기초소양, 교양, 인간성의 황폐화이다. 이 방안에 의하면, 인문계를 지원하는 학생은 사회과목에서 2과목만 선택하여 수능시험을 치르게 된다. 이 학생에게 과학과목 전체 8과목과 사회과목 중 선택하지 않은 8과목, 모두 16과목은 무의미해진다. 자연계를 지원하는 학생도 다르지 않다. 사회 10과목과 과학 6과목을 합해 역시 16과목이 무의미하다. 이 과목뿐이 아니다. 예술·체육과 교양과목은 더욱 그러하다.

입시만 중요한 현 상황이 그대로 지속되는 한, 학생은 이들 과목의 수업에서 최선을 다할 이유가 없다. 순수한 마음으로 즐길 여유도 없다. 그러니 이런 수업시간에 학생은 잠을 자거나 떠들거나 다른 공부를 한다. 이미 이것이 현실이다.

일반계 고등학교의 수업현장이 이미 너무나 붕괴되었다. 어떤 교과도 필요 없는 교과가 아니다. 어떤 선생님도 수업을 마다하고 자습을 하고 싶지는 않다. 하지만 엉터리 수능개편안이 이를 조장한다. 은연중에 학생들을 선동한다. 그 결과, 학교, 교과, 수업, 선생님의 의미는 더욱 초라해지고 있다.

□ 수능을 개편하려면

그렇다면 어떤 수능시험이 좋겠는가? 이에 대한 고민 이전에 어떻게 수능개편안을 찾아낼 것인지, 그 방법론에 대한 고민부터 필요하다. MB 정부는 이처럼 중요한 수능개편안을 4~5명 되는 교과부의 한 팀에 맡겼다. 이 팀은 다른 일도 그러하듯, 정책 연구진 몇 명을 구성하여 몇 달간 연구를 수행하게 했다. 그리고는 그 연구 결과를 토대로 형식적인 공청회를 몇 번 했다. 이어서 서둘러 개편안을 확정했다. 이것이 전부이다.

MB 정부 입장에서는, 대안을 찾기 어려운 수능시험보다 정권 초기부터 공을 들여 온 입학사정관제가 더 중요한 정책적 업적이 되는 일이라 생각했을지도 모르겠다. 그러나 이러한 판단 자체가 의지와 능력의 부족을 드러내는 일이다. 대중적 처방 몇 개로 생색을 내려 했던 것뿐이다. 무엇이 왜 필요한지, 그것을 어떻게 변화시켜야 하는지에 대한 깊이 있는 성찰과 판단이 없었다. 문제를 공유하고 국민과 소통하면서 해결방안을 찾아가는 과정과 방법에서도 심각한 한계를 드러냈다.

수능시험은 대학 진학을 원하는 전국의 모든 지원자가 목표로 하는 국가적 차원의 시험이다. 이 현실은 피할 수 없는 우리 교육의 현주소이다. 수능시험을 개편하고자 하면 교육과정의 개편 못지않게 수많은 이해집단과 당사자가 의견을 달리하며 논쟁할 수밖에 없다. 학생, 학부모, 교사를 비롯해 전 국민의 관심이 집중될 것이다. 모두가 합의하는 좋은 방안을 찾기는 당연히 어렵다. 하지만 이런 과정이 필요하다. 이런 과정을 거쳐 이 난제를 풀어야 한다. 나의 제안은 이렇다.

우선, 전체 대학입시의 큰 틀은 유지한다. 이 틀까지 모두 해체하고 다시 구성하려면 부작용이 만만치 않다. 여기서 말하는 큰 틀은 전형시기에 따라 나뉜 수시와 정시 전형, 전형요소로서 내신, 수능, 대학별 고사, 전형방식으로서 입학사정관제, 사회적 배려대상자, 특기자를 위한 특별전형 등과 같은 기본적인 전형 일정과 방식의 체계를 말한다.

대학 입학 전형은 시기에 따라 정시와 수시가 있는데, 쉽게 이해하자면 정시는 수능시험 결과 발표 이후의 전형을 의미하며, 그 이전의 전형은 모두 수시로 보면 된다. 과거에는 고등학교 3학년 1학기에 이미 수시 전형으로 최종합격하는 경우가 있었다. 하지만 이처럼 수시 1학기에 합격할 경우엔 2학기 생활을 정상적으로 하기 어렵다. 고등학교의 구조가 이를 보장하지 못하기 때문이다. 이러한 이유에서 지금은 1학기 수시 전형을 실시하지 않는다. 시행착오를 거쳐 형성된 이런 제도와 원칙은 유지하자는 것이다.

수시 전형에서 대학별·학과별로 이루어지는 다양한 선발방법도 대학에 맡겨 두자. 대학과 단과대학별로 주요 전형요소를 내신 성적에 두는 경우가 있고, 대학별 고사인 논술, 인·적성검사, 면접 중 하나에 비중을 높게 두는 경우도 있다. 또한 입학사정관제를 통해 학생들의 잠재력과 능력을 수치화하는 데서 벗어나 평가하는 방식도 있다. 주요 대상층을 기준으로 지역균형선발, 사회적 배려대상자 전형, 특기자 전형 등도 실시한다. 이러한 전형방식도 일정 비율 존속하는 것이 좋다. 그리고 지나친 점수 위주의 선발 방식이 되고 마는 정시 전형 비율을 줄이고 수시 전형의 비율을 50~60%로 유지하는 정책도 유지하는 것이 좋다.

그러나 개선할 점도 적지 않다. 우선, 전국의 모든 수험생을 한 번의 시험을 통해 상대적 서열로 나타내는 수능시험이 대학입시에서 지나치게 결정적인 비중을 차지하게 해서는 곤란하다. 또한, 국어, 수학, 영어 위주로 입시 과목이 집중되는 문제에 대해서도 반드시 수정이 필요하다. 이 밖에도 내가 생각하는 개편방향은 다음과 같다.

첫째, 수능시험은 고등학교 교육과정의 핵심내용을 평가해야 한다. 동시에 수학능력시험이라는 용어가 의미하듯, 대학에서 공부할 능력을 평가해야 한다.[13] 그러나 이는 다른 목표가 아니며 하나를 둘로 표현한 것으로 볼 수 있다.

---

13) 수능시험의 성격 등에 관한 논의는 이종재(2009)를 참고할 수 있다.

둘째, 시험과목에 있어서는 학생의 선택권을 인정해야 한다. 진학하고자 하는 대학의 전공에 따라 또는 고등학교에서 이수한 교육과정에 따라 응시과목과 유형을 선택할 수 있어야 한다. 이는 다변화되고 있는 사회, 다양한 학생의 관심과 진로방향을 고려할 때 반드시 필요한 일이다.

셋째, 자기 주도적으로 열심히 노력한 학생이 도전하여 충분히 좋은 성취를 거둘 수 있어야 한다. 이는 선천적인 환경과 재능의 차이보다는 후천적인 노력의 가치를 더욱 존중하기 위함이다. 실증적 연구에 의하면, 우리나라의 교육격차는 초등학교에서 고등학교로 올라갈수록 더욱 심화된다. 고등학교에서 경제적 상위계층의 교육경험과 성취수준이 크게 상승하는 데 비해, 하위계층은 크게 하락하여 불평등이 심화된다.[14] 수능시험은 이런 교육격차가 심화되지 않는 방식, 즉 누구나 열심히 공부하면 좋은 성취를 거둘 수 있는 시험이어야 한다.

이런 방향성을 모두 충족하는 제도를 만들기는 쉽지 않다. 하지만 내가 생각하는 수능시험 개선안을 제시해 보면 다음과 같다.

첫째, 대학 입학 전형에 참고할 수 있는 국가 수준의 시험을 크게 고교 기본소양 인증평가와 대학 수학능력 시험으로 이원화한다.[15]

둘째, 기본소양 인증평가는 연 2회(6월, 11월) 실시하고, 고교 2년생이 응시한다.

셋째, 수학능력 시험은 현재와 마찬가지로 연 1회(11월) 실시하고, 고교 3년생을 비롯한 희망자가 응시한다.

---

14) 조영달(2011)에서 재인용하였으며, 본래 연구는 류방란, 김성식(2006)이다.
15) 수능시험을 이원화하는 방안은 김신영(2009)의 아이디어를 구체화한 것이다.

넷째, 기본소양 인증평가는 절대평가를 통해 성취도를 표시하며, 수학능력 시험은 현재와 같이 상대평가 등급제(백분위제 포함)로 성취결과를 표시한다.

다섯째, 기본소양 인증평가는 필수적으로 5개 과목에 응시한다. 수학능력 시험의 과목은 모두 선택이며 언어, 수리, 영어 중 2과목, 탐구 8과목 중 3과목을 최대로 응시할 수 있다.

□ 고등학생의 기본소양과 역량을 인증하자

기존의 수능시험 말고, 고교 기본소양 인증평가라는 새로운 시험을 추가하자. 왜 시험을 더 만드느냐고 의아해할 수도 있겠다. 하지만 고교생의 교양 수준을 일정하게 보장하기 위해 반드시 필요한 시험이다.

이 시험은 2학년 학생이 고등학교 공통필수 이수단위인 56단위를 잘 이수했는지를 인증하고 평가하기 위한 시험이다. 따라서 국어, 수학, 영어, 사회, 과학 과목의 필수단위인 각 8단위의 내용을 출제범위로 한다. 체육·예술, 생활·교양 영역은 시험과목으로는 포함되지 않지만, 위 5개 과목 출제 시 그 내용을 포함한다. 그리고 시험의 결과는 절대평가 5단계로 제시한다. 이 시험의 기본 얼개는 다음과 같다.

〈표 2-11〉 고교 기본소양 인증평가(안)

| 시험과목 | 평가결과의 표기 |
|---|---|
| 국어 | 100점(5등급) |
| 수학 | 100점(5등급) |
| 영어 | 100점(5등급) |
| 사회 | 100점(5등급) |
| 과학 | 100점(5등급) |

이 시험은 단순한 교과목상의 지식을 측정하는 수준을 넘어, 해당 과목과 관련한 기본 소양과 역량을 평가하는 것을 목표로 한다. 따라서 학생의 표현력, 창의력, 종합적 사고력과 같은 미래 사회의 핵심역량을 측정할 수 있는 문항을 많이 출제한다. 문항의 방식은 5지 선택형만으로 출제하지 않고, 간략한 서술형 문항을 비롯해 다양한 방식으로 출제하도록 한다. 이러한 문항의 출제와 채점에는 노력과 시간이 많이 소요된다. 하지만 이 시험은 매년 예정되어 있고, 결과 또한 시급히 제시될 필요가 없으므로 이런 방식의 출제와 채점이 충분히 가능할 것이다.

한편, 직업탐구영역이나 제2외국어와 한문 등 과목은 이 시험에는 출제하지 않는다. 이런 영역이나 과목은 국가 수준의 자격고사로 대체한다. 이러한 방향은 **MB** 정부에서 제시한 바 있으므로, 이를 실현할 구체적인 방안을 마련해야 한다. 이미, 이들 분야에서는 다양한 인증시험이 시행되고 있다. 이 가운데 일부를 소정의 절차를 거쳐 국가가 공인하면 그만이다. 따라서 수능시험에서도 이 과목들은 더 이상

치를 이유가 없다.

기본 소양평가는 1년에 2회(6월, 9월) 실시하고 두 번 모두 응시할 기회를 준다. 앞서 언급한 바처럼 절대기준 평가를 적용한다. 과목별로 5등급제로 운영한다. 각 등급의 기준 점수와 의미는 다음과 같다.

> − 1등급: 90점 이상: 매우 우수한 수준에서 기본소양을 갖춤
> − 2등급: 80점 이상: 우수한 수준에서 기본소양을 갖춤
> − 3등급: 70점 이상: 보통 수준에서 기본소양을 갖춤
> − 4등급: 60점 이상: 초보 수준에서 기본소양을 갖춤
> − 5등급: 60점 미만: 부족한 수준에서 기본소양을 갖춤

이 시험이 치러진다면 고등학생을 대상으로 하는 현행의 학업성취도 평가는 폐지한다. 학생에게는 등급과 원점수를 제공함으로써 본인의 성취 수준을 알게 한다. 시험의 결과는 학교생활기록부에도 기록한다. 따라서 개별 대학은 이 성적을 기준으로 해당 대학입시에서 응시자격의 조건을 제시하거나 또는 최종선발 시 다른 성적과 합산하는 등의 방법으로 활용할 수 있다. 이 성적을 기준으로 어떤 고등학교와 다른 고등학교의 성적 차이를 파악할 수도 있다. 이것이 점수화된 성적 차이에 의한 선발, 고교서열화 내지 등급화로 악용될 우려도 있지만, 앞서 언급한 바와 같이 내신 성적과 고교 기본소양 인증평가 성적 등 모든 것을 공개하면, 오히려 대학도 공정한 전형방식을 모색해 갈 수밖에 없을 것이다.

시험의 출제와 채점은 국가기관인 교육과정평가원에서 하고, 시험의 시행은 각 시·도 교육청의 주관으로 개별 학교에서 한다. 현재

시행되고 있는 학업성취도 평가의 경험을 살려 시행하되, 지금보다 관리를 보다 강화하여 운영해야 할 것이다. 또한 국가는 이 시험을 국제적 수준의 소양인증시험으로 발전할 수 있도록 더 연구하고 지원해야 할 것이다.

□ 수능은 국·수·영 중 2과목, 탐구영역 중 3과목을 선택한다

앞서 언급한 소양인증평가와 달리, 대학 수학능력 시험은 말 그대로 대학에서 공부할 능력을 평가하는 시험이다. 따라서 이 시험의 교육적 의의는 학생이 진학할 분야에 적합한 응시과목을 선택하여 이를 깊이 있게 공부할 수 있도록 하는 데 있다. 이미 고교 기초소양 평가를 통해 공통과목에 해당하는 능력을 평가했으므로, 수능시험의 출제범위와 수준은 보통과목의 일반수준을 기준으로 한다.

먼저, 기초영역은 '2014 개선안'을 계승하여 A형과 B형으로 구분한다. 다시 이 구분을 폐기하여 수험생에게 혼란을 초래하지 않기 위함이다. 그런데 이 구분은 난이도나 수준의 차이라기보다는 학생의 진로 희망에 기초해야 한다. 즉, 진학하고자 하는 전공분야가 요구하는 해당 과목의 내용과 범위를 정해 나눈다.

예컨대, 기초 영역의 유형별 출제 방안은 다음과 같이 할 수 있다.

<표 2-12> 기초 영역 유형별 출제(안)

| | A형 | B형 |
|---|---|---|
| 언어 | 문학 중심 | 비문학 중심 |
| 수리 | 기초수리 중심 | 심화수리 중심 |
| 영어 | 회화, 듣기 중심 | 독해 중심 |

출제범위와 내용은 해당 과목 1~3개, 즉 4~12단위 수준으로 하되, 구체적인 출제범위와 수준은 해마다 조금씩 변화할 수 있다. 다만, 이에 대해서는 시험 실시 2년 전에 공고하여 학생들이 충분히 준비할 수 있게 한다.

기초영역의 언어, 수리, 영어 3과목을 모두 응시할 수 없게 하는 것이 중요하다. 응시자는 이 가운데 2개 과목만 응시할 수 있다. 이와 같은 제한을 하는 이유는 앞서 누차 지적했듯이, 학생들이 이들 과목에 지나치게 편중하여 공부하기 때문이다. 또한, 지나친 사교육문제와 이로 인한 교육격차 심화 등의 사회적 문제도 해소하기 위함이다. 이미 2학년 때 인증시험을 치렀으므로, 수능시험에서는 이 가운데 한 과목을 치르지 않아도 큰 문제가 되지 않는다.

만약, 이 원칙에 후퇴하여 3과목을 모두 응시할 수 있도록 허용하면 고등학교와 초·중학교의 교육은 앞으로도 국어, 수학, 영어 위주의 입시교육을 벗어날 수 없다. 학생들의 다양한 관심을 반영한 교육과정 운영 또한 역시 어려워진다. 기초영역에서 최대 2과목만 응시하도록 제한하는 것은 학교 교육을 정상화하고, 학생의 진로에 입각한 깊이 있는 공부를 보장하기 위해 반드시 필요한 조치이다.

다음으로, 탐구영역에서는 시험과목 수를 사회, 과학분야를 합쳐 모두 8과목으로 제한하고 여기서 최대 3과목을 선택하게 한다. 시험 과목명은 사회분야에서는 역사, 사회, 윤리, 지리 4과목, 과학분야에서는 물리, 화학, 생명과학, 지구과학 4과목으로 한다. 이제까지 19과목, 2014 학년도 수능시험부터는 18과목으로 출제하던 데서 8과목으로 대폭 축소하는 것이다. 그 이유는 고등학교 수준에서 과목을 지나치게 세분화할 이유가 없기 때문이다.

예컨대, 역사를 국사, 근현대사, 동아시아사, 세계사 과목으로 세분화하여 시험 볼 필요가 있을까? 지리를 한국지리, 세계지리, 경제지리로 구분하여 시험 볼 필요가 있을까? 물론, 공부할 때는 해당 교과의 세분화된 과목으로 구분하여 배울 수는 있다. 하지만 수능시험에서는 통합하는 것이 맞다. 영어를 문법, 독해, 회화 등으로 세분화하여 시험 볼 필요가 없는 것과 같다. 고등학생이 보는 대학 입학을 위한 시험이다. 통합형 과목으로 실시하는 것이 합당하다.

그런데 시험과목의 선택은 사회분야와 과학분야를 가리지 않고 3과목 이내에서 할 수 있게 해 준다. 이는 학생들이 폭넓게, 통합적으로 공부하게끔 유도하기 위함이다. 또한 그동안 지나치게 분리되었던 인문계열과 자연계열의 구분을 넘어서는 통섭적 인재를 기르기 위함이다. MB 정부의 수능안인 2014 수능은 인문계열은 10과목 중 2과목, 자연계열은 8과목 중 2과목만 선택한다. 선택되지 않은 대다수 과목이 무의미해진다. 나의 제안은 인문, 자연을 섞어 8과목 중 3과목을 선택하자는 것이다. 나의 제안이 보다 교육적이고 단순하지 않은가?

수학능력 시험의 결과는 현재와 다를 이유가 없다. 백분위, 표준점수, 등급 등을 제공한다. 대학은 이 정보를 다양하게 활용하여 학생을 선발할 수 있다. 그러나 대학은 수능시험 결과 이외에도 기본소양 인증평가와 각종 자격고사, 학생부 기록 등을 더 활용할 수 있다. 더욱이 프로젝트 수행 결과 등을 통해 학생의 자기 주도 학습력을 검증할 수 있다. 이처럼 예전보다 많은 자료를 근거로 학생을 선발할 수 있으므로 수능시험의 영향력은 현재보다 감소할 것이다.

수능시험은 미국의 SAT, ACT 그리고 일본의 대학입시센터시험처럼 다양한 전형자료 중 하나로 인식되는 것이 합당하다.16) 실제로 미국에서는 SAT, ACT 점수의 비중이 그렇게 크지 않다. 대학에서는 이 점수 외에도 고등학교 학업 성적 혹은 순위, 추천서, 면접 점수, 수필, 건강진술서, 포트폴리오나 오디션, 이수과목, 희망전공 등 다양한 요소를 고려한다. 일본의 경우에도 대학입시센터시험은 대학마다 반영 비율이 다르지만, 전체적으로 보면 비중이 크다고 볼 수 없다.

수능시험의 비중을 현재보다 약화시키려는 이유는, 이 시험이 어쩔 수 없이 학생을 줄 세우고, 지식 암기 위주 공부를 하게 만드는 비교육적 기능을 하기 때문이다. 그러나 이 시험 자체를 폐기하거나, 대학을 평준화하는 등 극단적 정책을 시행하기보다 이 시험을 유지하면서 이런 변화를 지향하는 것이 더 좋은 방법이라고 나는 생각한다.

비중 약화가 관리의 약화를 의미하지는 않는다. 국가는 수학능력시험의 구체적인 범위와 수준을 적어도 2년 전에 고시해야 한다. 대학도 모집 단위별 수학능력시험의 반영과목을 1년 전에 고시한다. 이 반영과목은 대학에서의 학업과 밀접하게 관련된 것이어야 한다. 이는 학생들이 자신의 관심과 진로 희망과 무관하게 소위 '점수 따기'에

---

16) 이에 비해 중국의 대입시험인 까오카오는 그 비중이 크다. 미국, 일본, 중국의 대학 입학 시험 비교 및 이에 기반을 둔 수능 개선방안에 대해서는 김경훈 외(2011)를 참고할 수 있다.

유리한 과목만을 선택하는 폐해를 막기 위한 조치이기도 하다. 국가와 대학은 학생이 학습을 집중해야 할 분야와 방향을 사전에 제시함으로써, 이들의 선택을 돕고, 학습을 격려하는 기능을 수행해야 한다.

이제 '2018 대학 수학능력 시험'의 시간표는 다음과 같이 단순해진다.

〈표 2-13〉 2018 대학 수학능력 시험(안)

| 영역 | 시험과목 | | 시험 결과의 표기 |
|---|---|---|---|
| **기초영역**<br>**(택2)** | 언어 | A 범위 | 9등급<br>(표준점수, 백분위) |
| | | B 범위 | |
| | 수리 | A 범위 | 9등급<br>(표준점수, 백분위) |
| | | B 범위 | |
| | 영어 | A 범위 | 9등급<br>(표준점수, 백분위) |
| | | B 범위 | |
| **탐구영역**<br>**(택3)** | 사회<br>과학 | 역사, 사회, 윤리, 지리,<br>물리, 화학, 생명, 지학 | 9등급<br>(표준점수, 백분위) |

## VI. 일반고, 특목고, 특성화고 세 가지 유형만 남기자

현재, 우리나라 고등학교의 유형은 크게 4가지로 구분된다. 일반고, 특수목적고, 특성화고, 자율고가 그것이다. 이 유형 구분은 교육과정 운영과 학교의 자율성을 기준으로 한 것으로, 초·중등 교육법 시행령에 근거를 두고 있다.

일반적으로는 인문계고, 실업계고, 전문계고, 과학고, 외고, 예고, 국제고, 기숙형고 등 용어가 익숙할 수도 있다. 하지만 이런 용어들은 예전에는 사용했지만, 지금은 쓰지 않는 표현이거나 4개 유형의 하위 분류에 속한다. 교과부가 2010년 고교체제를 개편하면서 제시한 아래의 <표>를 보면 이해가 쉬울 것이다.

〈표 2-14〉 고교체제 개편 비교표

| 정비 전 | | | 정비 후 | | |
|---|---|---|---|---|---|
| 학교 구분 | | 법적 근거 | 학교 구분 | | 법적 근거 |
| 일반계고 | | 없음 | 일반고 | | 제79조의2 |
| 전문계열 | 전문계고 | 없음 | '특성화고'로 일원화 | | 제79조의2 제91조 |
| | 특성화고 | 제91조 | | | |
| | 마이스터고 | 제91조의2 | | | |
| 특목고 | 특목고 중 농·공·수산·해양, 과학고, 외고, 국제고 예고, 체고 | 제90조 | 특목고 4계열 | 과학고 | 제79조의2 제90조 |
| | | | | 외고·국제고 | |
| | | | | 예고·체고 | |
| | | | | 마이스터고 | |
| 자율계열 | 자율형 사립고 | 제105조의3 | 자율고 | 자율형 사립고 | 제79조의2 제105조의3 제105조제6항 |
| | 자율형 공립고 | 없음 | | 자율형 공립고 | |
| | 기숙형고 | 없음 | | 기숙형고 | |

※ 출처: 교과부의 보도자료(2010.1.26.)

이 표의 오른쪽 '정비 후'를 기준으로 4개 유형의 학교를 다시 이해해 보자.

먼저, 일반고는 사람들이 흔히 인문계고라고 부르는 유형으로, 정비 전에도 정확한 표현은 일반계고였다. 이 유형의 학교는 일반적 교육을 실시하며, 보통 대학 진학을 목표로 하는 학생들이 다니는 학교이다. 둘째, 특성화고는 이제까지 실업계고 또는 전문계고로 불리던 학교들이 포함되었다. 이들 학교는 직업교육을 실시하며, 학생들은 졸업 후 취업이 1차적 목표가 된다. 과거에 대안학교로 분류되었던 학교 가운데 정부가 인가한 체험형 대안학교도 이 유형 내에 포함되었다. 셋째, 특목고에는 '과학고', '외고', '국제고', '예술·체육고'가 있다. MB 정부 들어, 집중적인 정책 지원이 이루어진 마이스터고도 이 유형에 포함되어 있다. 넷째, 자율고는 자율형 사립고, 자율형 공립고, 기숙형고가 포함되어 있다. 자율고는 일반고에 비해서는 학교 운영과 교육과정 운영에 있어 많은 자율권을 갖고 있는 학교로 이해하면 된다.

2011년도를 기준으로 전국의 고등학교를 이와 같은 4개 유형으로 분류한 현황은 다음과 같다.[17]

---

17) 이 자료는 고등학교 현황은 고입정보 포털(http://www.hischool.go.kr)의 자료를 기초로 정리하였다. 앞의 표에서 자율고에 포함되어 있던 기숙형고가 이 자료에서는 따로 분류되지 않고 일반고, 자사고, 자공고에 통합되어 있다.

〈표 2-15〉 고등학교 유형별 현황('11년 12월 기준)

| 유형 | | 현황 |
|---|---|---|
| 일반고 | | • 1,417교 |
| 특목고 | 과학고 | • 20교 |
| | 외국어고 · 국제고 | • 외고(31교)<br>• 국제고(6교) |
| | 예술고 · 체육고 | • 예술(25교)<br>• 체육(14교) |
| | 마이스터고 | • 21교 |
| 특성화고 | 특성(직업) | • 613교 |
| | 체험(대안) | • 23교 |
| 자율고 | 자율형 사립고 | • 51교 |
| | 자율형 공립고 | • 97교 |
| 계 | | • 2,318교 |

 <표>에 의하면, 2011년 기준 전국의 고등학교는 모두 2,318교이며, 이 가운데 61%가 일반고이고, 27%는 특성화고임을 알 수 있다. 그리고 특목고와 자율고는 나머지 11%이다.

 중점적으로 살펴봐야 할 유형은 특목고와 자율고이며, 이 가운데서도 외고, 자사고, 자공고이다. 이 3개 유형의 학교가 MB 정부의 정책적 의도가 가장 많이 반영되어 있으며, 그런 의미에서 고등학교를 바꾸는 전반의 변화에서도 중요한 단초가 될 것이기 때문이다.

□ 자사고, 자공고 누구를 위한 정책인가?

먼저, 자율형 사립고의 시범모델에 해당되는 자립형 사립고를 이해하자. 자립형 사립고라는 학교 유형은 DJ 정부에서 그 필요성이 인정되어 시범 운영되었다. 이 학교는 교육과정, 선발, 학교 운영에 대한 자율성을 보장받되, 학교에 대한 정부의 보조금은 없고, 대신 학부모가 일반고의 3배에 해당하는 학비를 부담하면서 운영되었다. 자립형 사립고는 전국에 모두 6개가 있었는데, 횡성의 민족사관고를 비롯해 전주의 상산고, 포항의 포항제철고, 광양의 광양제철고, 울산의 현대청운고, 부산의 해운대고가 그것이다.

MB 정부는 이를 전례로 인가 조건 등을 완화하여 자율형 사립고라는 학교 유형을 만들었다. MB 정부의 공약과 인수위보고서에서도 언급된 '고교다양화 300' 프로젝트의 연장선에서 이루어진 일이기도 하다.[18] 그리고 6개 교였던 자립형 사립고는 2010년 2월로 시범운영 기간이 종료되면서 자율형 사립고로 통합되었다. 그러므로 이제 자사고는 자율형 사립고를 의미하는 말이 되었다.

본래, 자사고는 정부의 재정 지원 없이 자율적으로 운영할 것을 전제로 신청하고 지정받는 것이므로, 교직원 인건비, 학교·교육과정 운영비에 대한 정부 지원이 없다. 대신, 이를 학부모의 교육비나 재단의 보조금으로 충당해야 한다. 그런데 만약, 이 모든 부담을 학부모에게 전가한다면 학부모의 부담은 천정부지로 치솟을 수 있다. 이렇게 되면 부자만이 다닐 수 있는 귀족학교가 되고 말 것이다. 이러한 문

---

18) MB 정부는 자사고, 마이스터고, 기숙형고 등 다양한 유형의 고등학교 300개를 만들겠다고 공언한 바 있다. 제17대 대통령직인수위원회(2008) 171쪽.

제점을 의식하여 **MB** 정부는 학부모의 부담이 되는 학교 운영비와 수업료를 일반고의 3배 이내로 한정하였다.19) 결국, 어떤 사립학교가 자사고로 전환하여 운영하고자 한다면, 학부모에게는 일반고의 3배 이내에서 학비를 받으며, 그 이외의 학교 운영비는 재단에서 지원해 주어야 학교 운영이 가능하다.

자사고를 국가가 인정하는 이유는 사학으로 하여금 특별한 건학이념에 맞는 좋은 교육을 실현할 수 있게 해 주기 위함이다. 다만, 학부모에게 그 교육비를 모두 전가하지는 못하게 하고 있다. 그러므로 어떤 사학이 이 정도의 재정적 능력을 갖추고 있지 못하다면 자사고가 되어서는 안 된다. 또한, 재정 능력이 있다고 해도 보통 교육 이외의 특별한 교육목적을 갖고 있지 않다면 자사고로 전환할 이유가 없다.

현재, 자사고를 지정하는 일차적 권한은 시·도 교육감에게 있다. 경기도의 경우, 자사고는 안산동산고와 용인외고 2곳에 불과하다. 그런데 서울시의 경우엔 26개 교에 이른다. 이는 이를 지정할 당시 교육감의 정책 지향을 반영한 결과로 보면 된다. 서울시는 공정택 교육감이, 경기도는 김상곤 교육감이 당시의 교육감이었다.

서울의 경우, 자사고는 중학교 내신 성적 **50%** 이내의 학생들만 지원이 가능하다. 별도의 집필평가를 실시하지는 못하게 하였으나, 추첨을 통해 선발한다고 해도 일반고에 비해서는 성적이 우수한 학생이 입학하게 된다. 성적이 우수한 학생들만으로 이루어진 학교이니 수업환경이 다른 일반고보다 훨씬 좋겠다고 생각하는 학생과 학부모가 많을 것이다. 학생과 학부모로서는 일반고의 3배가 되는 수업료를

---

19) 일반고의 학비를 분기당 50만 원, 연간 200만 원으로 잡는다면 이것의 3배는 600만 원이다. 하지만 실제로는 방과후교육비, 기숙사비 등의 부담이 가중될 수 있다.

지불하면서 자사고를 선택할 때는 특별한 교육에 대한 기대가 있기 마련이다.

그런데 2010년에 이루어진, 2011년 서울시교육청의 자사고 진학지원자는 정원에 크게 미달하였다. 2곳 중 한 곳에서 미달 사태가 빚어졌다. 전해에 비해 2배(13개→26개 교)나 자사고를 확대한 것이 결국 문제라고 할 수 있다. 결국, 미달이 초래된 곳에서는 나름의 자구책을 세워 학교를 운영할 수밖에 없었다. 이어서, 2011년에 있었던, 2012년 모집에는 지원자가 전혀 없어 자사고 지정을 포기하는 학교도 나타나는 지경에 이르기도 했다. 자사고 정책의 문제를 드러내는 한 단면이다.

자공고는 사정이 다르다. 자공고는 공립학교이므로 정부의 지원은 받지만, 운영에서는 일정한 자율성을 확보한 학교이다. 자공고의 교장은 공모제에 의해 선발되며, 교사 또한 초빙하여 운영할 수 있다. 그러나 학생 선발은 다른 일반고와 크게 다르지 않다. 우선 선택권을 제공하지만 서울시의 경우, 자사고처럼 성적 제한이 있지 않으며 전형시기도 후기이므로 이미 특목고, 특성화고, 자사고를 지원하였다가 탈락한 학생이나 처음부터 전기에는 지원하지 않은 학생들이 지원한다.

문제는 자공고로 지정된 학교가 대체로 교육환경이 열악한 학교라는 데 있다. 취지대로라면 어려웠던 환경을 딛고 새로운 운영진의 노력과 정부의 지원으로 학교의 신임이 커져 가야 한다. 그러나 상황은 쉽지 않다. 이와 관련한 신문기사이다.

서울 지역 한 자율형 공립고(자공고) 교장인 A 씨는 14일 지난 한 해

느꼈던 고충을 토로했다. A 씨는 학교가 지난해 자공고로 전환된 뒤 각종 교육 프로그램을 운영하며 '학교 살리기'에 명운을 걸었다. 하지만 A 씨의 학교는 지난해에 이어 또다시 2 대 1을 밑도는 낮은 경쟁률을 기록했다.

그는 "잘 가르치는 교사를 데려오고 싶지만 '열악한 학교'라는 인식 탓에 오려는 교사가 없다"며 "학생 선발권이 없어 우수한 학생을 데려올 수 없으니 학교 수준을 끌어올리기가 힘들다"고 말했다.

〈2011. 01. 15. 국민일보〉

학생들의 낮은 지원 경쟁률이 좋은 학교 기준의 전부라고 할 수는 없지만, 교장의 걱정은 이해가 된다. 자공고를 많이 지정하고 보조금을 더 지원하고 자율적 운영을 허용한다고 해서 학교가 쉽게 변하기는 어렵다.

자공고나 자사고가 일반고 운영과 다른 점은 교육과정 적용의 자율성 때문이다. '2009 개정 교육과정'의 적용에 있어, 일반고는 필수 이수단위로 116단위를 이수해야 하지만, 자사고는 절반인 58단위만 이수하면 되고 교과(군)별 이수단위 준수 의무는 없다. 자공고의 경우엔 72단위를 이수하면 되고, 교과(군)별 이수단위의 50% 수준으로 증감 운영을 할 수 있다.

하지만 교육과정의 자율 편성권이 교육적으로 적용되지는 않는다. 대부분의 자사고는 이를 국어, 수학, 영어 위주의 입시 과목으로 편성한다. 그리고 이를 노골적으로 선전한다. 자공고도 사정은 크게 다르지 않다. 대학입시라는 현실적 장벽이 그대로라면 '자율'이라는 용어는 무색하다.

그럼에도 불구하고 교과부는 성과주의에 급급해 자사고와 자공고 수를 늘리겠다는 계획만을 강조한다. 자공고도 현재의 어려움은 과도적 현상이며, 원래 인기가 낮았던 학교였으므로 경쟁률이 저조한 것이며 시간이 지나면 나아질 것이라고 믿는다. 하지만 지원경쟁률, 학업성적, 대학 진학 등을 기준으로 자공고가 종전보다 좋은 학교로 전환하리란 기대는 애초에 접는 것이 현명할 것이다.

학교는 기업체나 다른 조직과 다른 조직문화가 있다. 공립 고교가 갖는 특성도 있다. 교사가 순환하며, 교장과 교감은 대체로 교사보다 더 짧은 기간만 근무하고 떠난다. 한 학교가 지속적으로 어떤 변화를 이루기에는 불리한 점이다. 자공고는 교장을 공모하고, 우수한 교사를 초빙할 수 있지만 이것만으로는 안 된다.

자사고, 자공고는 해당 학교의 문제뿐 아니라, 일반고에도 심각한 악영향을 미치고 있다. 고등학교를 서열화하여 일반고를 최말단의 학교로 밀어냈다. 무기력한 학생들, 천차만별의 학생들을 한 학급에 40명씩 편성할 수밖에 없는 현실로 내몰았다. 누구에게 도움이 되는 자사고, 자공고 정책인지 의심스럽다.

□ 일반계고, 특목고, 특성화고 3개 유형으로 분류하자

우선, 분류부터 다시 해야 한다. 자사고, 자공고, 기숙형고가 속해 있는 자율고와 마이스터고가 포함된 특목고는 어색한 분류이다. MB 정부가 갖고 있는 자사고와 마이스터고에 대한 과도한 집착이 엉뚱한 기준을 만들어 학교를 나누었다. 그 결과 학생과 학부모에게 혼란을 가중시킨다. 1급, 2급, 3급의 학교로 나뉜 것처럼 보이게 한다. 기준을 다시 세우고 분류해야 한다.

나는 고등학교 유형은 3개로 충분하다고 본다. 존립 목적과 학생의 진로를 기준으로 분류하는 것이다. 이 기준에 따른다면 자율고라는 대분류는 필요하지 않다. 이 분류에 속해 있던 자사고, 자공고, 기숙고는 일반고와 같이 묶으면 된다. 그리고 다시 '일반계고'라는 명칭을 부활하여 이들 학교를 포함하면 된다. 그리고 마이스터고는 특성화고에 포함되어야 맞다. 다음과 같이 분류하자는 것이다.

〈표 2-16〉 고등학교 유형 개선(안)

| 대분류 | 목적 | 소분류 |
|--------|------|--------|
| 일반계고 | · 건강한 시민, 일반분야 인재 양성<br>· 졸업 후 일반분야 진학 또는 취업 | 일반고 |
| | | 자율형 사립고 |
| | | 자율형 공립고 |
| 특목고 | · 특수목적분야 인재 양성<br>· 졸업 후 해당 분야 진학 또는 취업 | 과학고 |
| | | 외국어고 · 국제고 |
| | | 예술고 · 체육고 |
| 특성화고 | · 특성화분야 인재 양성<br>· 졸업 후 해당 분야 취업 또는 진학 | 마이스터고 |
| | | 특성(직업) |
| | | 체험(대안) |

## □ 일반계고 내에 자사고와 자공고를 두면 된다

일반계고는 건강한 시민과 일반분야의 인재를 양성하는 것이 목적이며, 이러한 목적에 따라 학생들은 졸업 후 대학을 진학하는 것을 우선순위로 한다. 물론, 학생의 선택은 자유이므로 취업을 할 수도 있다.

그런데 여기서 말하는 일반분야란 특목고와 특성화고가 특화하려는 분야 일부를 포함하는 광범위한 의미이다. 따라서 일반계고에서 현재 특목고와 특성화고가 운영하는 특화 프로그램 중 일부는 운영할 수 있게 한다. 예컨대, 예술, 과학, 스포츠, 전자상거래 등과 같은 특화계열을 하나씩 운영하는 것이다. 학생들이 갖고 있는 다양한 진로 희망을 수용하면서, 이를 일반교육 내에 융합하기 위함이다. 다만, 이 특화계열이 편중되지 않도록, 여건이나 거리 등을 고려해 인가한다.

일반계고 내에 일반고, 자사고, 자공고의 구분을 둔다. 일반고는 공·사립을 가리지 않고 전형적인 보통의 학교이다. 본래의 의미를 회복하게 될 자사고는 여전히, 학교의 운영 주체인 사학재단이 그 건학이념을 바탕으로 자율적으로 학교를 운영할 수 있는 고등학교이다. 따라서 교육과정, 교원 인사, 학교 운영 등에서 다른 공립고, 사립고에 비해 더 많은 자율성을 누릴 수 있다. 하지만 이는 사학재단의 이념적·재정적 건전성에 대한 신뢰가 있을 때 허용한다. 자칫 독선적이거나 배타적인 이념으로 학교가 운영될 수 있고, 학부모에게 큰 경제적 부담을 주면서 특권층의 자녀만 다닐 수 있는 학교로 전락하지 않아야 하기 때문이다.

이 학교는 사회적으로 용인되는 범위 내에서 보통의 고등학교와 다른 특징이 분명해야 하며, 이를 희망하는 부모와 학생이 우선 지원하는 학교가 되어야 한다. 이런 자사고에 대해 정부가 재정적 지원을 더 이상 확대할 이유는 없다. 필요한 운영비는 재단과 부모가 부담하면 된다. 그러므로 현재처럼, 재단은 학교 1년 운영비의 3% 이상을 제공해야 하며, 학부모가 부담하는 학비는 다른 일반고의 3배 이내로 유지한다.

이런 의미의 자사고는 많을 필요도 없고, 실제로 많기가 어렵다. 일반계 고등학교를 설립한 사학재단이 그렇게 특별한 건학이념을 갖고 있을 리 없다. 매우 특별한 목적과 가치가 있다면 특목고나 특성화고를 설립할 것이기 때문이다. 따라서 일반계고 내에서 자사고를 새롭게 지정한다면, 그 자격과 조건이 충분할 때만 허용한다. 또한, 지정된 후에도 특목고처럼 5년에 한 번씩 심의하여, 그 지정 여부를 다시 판단해야 한다. 특히, 서울의 경우, 자사고가 이미 과잉상태임이 밝혀졌으므로, 이를 대폭 감축하는 방향으로 정책을 세워야 할 것이다.

자사고가 아닌 보통의 사립고는 공립고와 크게 다르지 않다. 국가가 요청하는 교육과정을 준수하고, 학생의 배정방식과 등록금도 다르지 않다. 이러한 대가로 국가는 교원의 급여를 지급하고, 재정결함보조금을 지원해 왔다. 그렇지만 사립고는 교원 인사와 학교 운영에 있어서는 공립에 비해 상대적으로 자율성을 누려 왔다. 설립 자체를 사학재단이 했다는 이유 때문이다. 그런데 사립고의 큰 문제는 재정 운영이 투명하지 못하고, 교육과정을 변칙적으로 운영하는 학교들이 많다는 데 있다. 이는 공립과 달리 교사의 인사권이 재단에 있고, 학교 회계가 공립학교와 다르며, 이러한 특성으로 인해 행정기관인 교육청의 관리와 감독이 상대적으로 약했기 때문이다.

보통의 사립고는 정확히 표현하자면, 사학재단이 설립하였지만 공적으로 운영되는 학교이다. 자율형 사립고에 대응하여 이름 붙이면, 공영형 사립고라고 보면 된다. 그렇다면 국가가 일반 사립고에 대해서 공립고보다 관리와 감독을 약하게 하면서 특별한 혜택을 더 제공할 이유가 없다. 오히려, 국가는 사립학교에 대해서는 공립학교보다 엄격하게 관리해야 한다. 또한, 부실하거나 비리가 있는 사학은 일정한 절차를 거쳐 공립화해야 한다.

한편, 자공고를 교육여건이 열악한 지역에 우선적으로 도입하는 것은 적합하지 않다. 자공고는 새로운 개념으로 정립해야 한다. 오히려 각종 여건과 교육 운영이 우수한 공립고교에 대해 지정하는 것이 맞다. 자공고로 지정되면 정부나 교육청은 행정적 감독을 최소한으로 줄이며 동시에 지원도 크게 할 필요가 없다. 자율적으로 잘 운영되는 공립학교이기 때문이다.

학생들의 성적이 낮거나 부모의 경제적 수준이 어려운 지역의 학교에 대해서는 경기도교육청과 서울시교육청 등이 지정하는 혁신학교의 개념을 적용하는 것이 적합하다. 어려운 여건에서 '배움과 돌봄의 책임교육 공동체'를 이루고자 하는 소신 있는 선생님들에게 학교를 맡기는 것이다.[20] 즉, 이들 학교에 교사의 열정과 교육청의 획기적 지원을 결합하여, 이 학교가 다른 평범한 학교보다 오히려 더 좋은 학교로 거듭날 수 있도록 기회를 제공하는 것이다.

---

20) 혁신학교의 성과를 논하기는 시기상조이지만, 그 문제의식과 개념에 대해서는 성열관, 이순철(2011)을 참고할 수 있다.

## □ MB 정부의 외고 대책

이제 외국어고등학교를 어떻게 하는 것이 좋을지 생각해 보자. MB 정부에서는 특목고에 해당하는 과학고, 외국어고·국제고, 예술고·체육고, 마이스터고의 설립목적을 분명하게 제시하고 정비한 바 있다. 먼저, 이들 특목고에서 영재라는 표현을 삭제하고 인재라는 개념으로 대체했는데, 이는 영재교육진흥법상의 영재, 영재학교와 구분이 어려웠기 때문이다.

영재교육진흥법에 따르면, "영재는 재능이 뛰어난 사람으로서 타고난 잠재력을 계발하기 위하여 특별한 교육이 필요한 사람"을 말한다. 이 정의에 따르면, 영재는 선천적인 또는 천부적인 능력을 갖춘 특별한 소수라는 의미가 강하다. 이들을 특별히 교육시키기 위한 학교가 바로 영재학교이다. 다시 말해, 영재학교는 영재교육을 위하여 이 법에 따라 지정되거나 설립되는 고등학교과정 이하의 학교를 말한다. 따라서 과학고나 외고가 과학 영재, 어학 영재라는 표현을 그대로 유지할 경우, 교육대상과 학교의 개념에서 혼란이 초래될 수 있었다.

이에 비해, 인재는 선천적이거나 잠재적인 면과 관계없이, 현재 상태에서 훌륭한 능력을 갖춘 사람으로 이해되므로 어감이 다르다. 그러므로 특목고는 영재를 위한 학교 또는 영재를 육성하려는 학교가 아니라, 특정분야의 인재를 기르기 위한 학교여야 맞다. 이렇게 보면 특목고의 설립목적에서 영재라는 용어를 모두 삭제하고, 인재라는 용어로 바꾼 것은 잘한 일이다. 따라서 과학고는 과학 인재, 외국어고는 외국어에 능숙한 인재, 국제고는 국제 전문 인재, 마이스터고는 기술

인재 양성을 목적으로 한다.

아래의 <표>는 교과부의 보도자료에서 발췌한 것이다.

〈표 2-17〉 특목고의 설립목적

| 학교 구분 | 정비 전 설립목적 | 정비 후 설립목적 |
|---|---|---|
| 과학고 | '과학 영재 양성' | '과학 인재 양성' |
| 외국어고 | '어학 영재 양성' | '외국어에 능숙한 인재 양성' |
| 국제고 | '국제관계 또는 외국의 특정지역에 관한 전문인 양성' | '국제 전문 인재 양성' |
| 마이스터고 | 신설 | '기술인재 양성' |

출처: 교육과학기술부 보도자료(2010.1.26.)

그런데 이처럼 특목고의 설립목적을 정비하게 된 주요한 계기는 사실 외고 때문이었다. 외고는 그동안 해외나 국내의 명문대학을 진학하기 위한 학교로 사실상 운영되고 있어서, 본래의 설립목적에서 벗어났다는 비판이 많았다. 교과부 보도자료(2009.12.)에 의하면, 외고 졸업생 가운데 동일계(어문계열) 진학은 2005년부터 2009년까지 25~30%에 지나지 않는다. 인문사회계열 진학률이 41~60%로 가장 높지만, 이외 이공계와 의·약학계열로 진학하는 학생의 비율도 낮지 않았다.

게다가 우리나라 권력 엘리트의 등용문이라고 할 수 있는 사법고시 합격자 가운데 상당수가 외고 출신이라는 점도 사회적 문제로 제기되었다. 역시 2009년도를 기준으로 당시까지 5년간 고교별 법조인 배출 상위 10교 가운데 대원외고와 한영외고 등 외고가 5개나 되었다. 이 중에서도 대원외고가 압도적 1위를 차지하였다. 국가의 핵심

권력을 한 집단에서 차지하게 될 때의 위험성은 역사를 통해 배울 수 있는 교훈 중 하나이다. 외고 졸업생들은 억울하게 생각할 수 있겠지만, 사회적 예방조치가 필요한 시점임을 인정해야 할 것이다.

이 밖에도 외고에 입학하려면 초등학교 때부터 쉬거나 놀지도 못하고 오직 공부에만 매달려야 한다는 인식이 확산되어 있어, 이는 결국 과잉 사교육을 유발한다는 문제가 제기되기도 하였다. 특히, 외고의 입학시험에서 수리형 문제를 출제하고, 구술·면접고사에 변형된 지필평가를 실시해 왔기 때문인데, 이는 이 학교의 설립목적을 생각하면 설득력이 떨어지는 선발방식인 것이 사실이다. 외고가 본래의 목적을 수행하기 위해서는 입학시험, 학교 교육과정 운영, 졸업생의 진로 등에서 일관성이 있어야 한다. 하지만 그동안 외고는 그 존립 목적과 달리 운영되었다.

아래의 <표>는 2009년 기준 전국 외고 현황이다. 이를 보면 서울과 경기의 수도권에 외고가 특히 많다는 것을 알 수 있다. 서울에는 6개교, 경기에는 9개교로 전체 외고의 절반이 수도권에 위치하고 있다. 또 이들 학교의 대부분이 사립학교라는 점도 눈여겨볼 점이다. 사립학교는 교육청의 관리와 감독이 쉽지 않기 때문에 다소 임의적인 운영이 가능했다. 교육과정과 교과서는 장식품에 불과하고 실제로는 입시에 유리한 교육만 앞장서 왔다. 실제로 앞서 언급한 사회적 문제, 즉 대학입시 위주의 교육, 사법고시 합격자 다수 배출, 과잉 사교육 유발 등의 문제는 이들 수도권 사립 외고의 일이었다. 이에 비해, 지방의 외고는 공립학교가 많으며, 비평준화 지역의 경우엔 일반고 가운데도 명문 고등학교로 이름난 학교가 많아 성적이 우수한 학생들이 외고로 몰리는 경향이 적었다.

〈표 2-18〉 전국 외국어 고등학교 현황 개요

('09.10. 기준. 단위: 명)

| 시도 | 서울 | 부산 | 대구 | 인천 | 대전 | 경기 | 충북 | 충남 | 전북 | 전남 | 경북 | 경남 | 제주 | 계 |
|------|------|------|------|------|------|------|------|------|------|------|------|------|------|------|
| 외고 수 | 6 | 3 | 1 | 1 | 1 | 9 | 2 | 1 | 1 | 1 | 1 | 2 | 1 | 30 |
| 학생 수 | 6,772 | 2,807 | 527 | 1,056 | 997 | 9,238 | 1,370 | 353 | 331 | 376 | 447 | 1,172 | 288 | 25,734 |

※ 일반계고교 학생 수 대비 1.7%

출처: 교육과학기술부 보도자료(2010.1.26.)

　결국, MB 정부는 외고에 대한 몇 가지 조치를 발표하게 되었다. 그 것은 크게 2가지로, 첫째는 앞서 언급한 바와 같이 외고의 설립목적을 재정립하고 이에 맞추어 교육과정을 개선하는 것이다. 교육과정 개선의 핵심은 변형적인 입시교육이 아닌 진정으로 외국어에 집중하는 교육을 유도하고자 하는 것이었다.

　둘째는 외국어 교육의 성과를 높이기 위해 학교를 적정 규모로 운영해야 한다는 것이다. 좋은 교육을 위한 가장 중요한 조건 중 하나는 수업당 학생 수이다. 하지만 2009년 3월을 기준으로 사립외고의 학급당 학생 수는 34.4명으로 일반고와 다르지 않고, 과학고(16.9명)와 국제고(22.7명)에는 크게 미치지 못했다. 그러므로 정부는 외고의 학교규모를 학년별로 '10학급 25명 수준'으로 조정하도록 조치하였다.

　이 밖에도 특목고에 대한 교육감의 관리·감독권을 강화하여 운영의 책무성을 제고하였다. 또한, 특목고 지정은 시·도 '특목고 지정·운영 위원회'의 심의 후 지정하는 방식으로 개선하였다. 특목고 지정 후 5년 단위로 평가하고, 그 결과를 바탕으로 재지정 여부를 결정하도록 하였는데, 이는 한번 외고로 지정되면 별일이 없는 한 특목고로서 특권적 지위를 누리던 관행에 비해서는 획기적인 조치라고 하겠다.

## □ 외고의 자리

이러한 조치는 분명히 외고가 더 이상 명문대학 진학을 위한 최적의 통로로 인식되어서는 곤란하다는 인식을 반영한 것이다. 하지만 지금까지도 여전히 많은 외고가 과거의 역할과 명성에 집착하려 한다. 학원가에서도 여전히 특목고, 자사고 등을 선전하면서 이를 부채질한다.

외고와 유사한 목적을 지닌 학교로 국제고가 있다. 국제고는 국제관계 또는 외국의 특정지역에 관한 전문인의 양성을 위한 국제계열의 고등학교(초중등교육법 시행령 90조)로 외고를 대신하여 주목을 받고 있는 학교 유형이다. 2011년 현재 국제고는 모두 6곳으로 서울, 부산, 인천에 각 1곳, 경기에 3곳이 있다. 주목할 점은 국제고의 경우엔, 경기도의 청심국제고를 제외하고는 모두 공립이며 학급당 학생수가 25명 이내라는 점이다.

국제고에서 운영하는 교육과정은 외국어를 기초로 국제관계나 국제 문화, 정치, 법률 등을 강조한다. 이러한 교육과정이 실제적으로 잘 이루어진다면 설립목적에 부합하는 것이지만, 이 역시 입시교육을 강화함으로써 입시 명문고로 변질될 우려가 적지 않다. 특히, 최근 인천과 제주 등 경제특구 내에 국제학교 설립과 이곳에 학생들을 보내고자 하는 학부모의 요망도 증가하고 있는데, 이 역시 이 학교를 나오면 국내외 유명 대학을 진학하기에 유리할 것이라는 인식도 강하게 자리 잡고 있기 때문이다.[21]

---

21) 국제학교는 국제고와는 다른 유형의 학교이다. 국제학교 가운데 고등학교도 있을 수 있는데 이러한 학교는 우리나라의 정규 고등학교가 아니고 외국인 또는 외국에 3년 이상

특목고 정책에서 가장 중요한 점은, 그것이 외고이건 국제고이건 입시 명문고로 탈바꿈하려는 유혹을 차단하고 목적에 충실한 운영을 독려하는 것이다. 이는 구체적으로 교육과정 운영과 학급당 학생 수 조정과 같은 교육력 향상과 직접 관련된 지표를 확인함으로써 가능하다. 특목고 지정과 해제는 현재 시·도 교육감의 권한이므로 이를 철저히 평가하여 불필요한 특목고는 일반고로 전환시켜야 한다.

전문교육에 대한 수요는 다른 방법으로 해결해야 한다. 앞서 언급한 일반계고의 특화계열은 이런 특수목적형 교육과정의 수요를 흡수할 수 있는 좋은 방안이다. 학교마다 개설할 수 있는 다양한 계열 중에서 특정한 계열은 시·도 교육청의 인증을 거쳐 특화한다. 이때, 학교와 교육청은 인근 지역과 특화계열이 중첩되지 않도록 조정한다. 특화 과정으로 인정되면 교육청은 보다 풍족한 재정지원을 제공한다. 이런 식으로 인증된 일반고 내의 외국어 특화계열이 충분히 좋다면, 구태여 외고나 다른 특목고를 진학할 필요가 없어지는 것이다.

다시 말하자면, 특목고를 줄이고 일반고계를 강화하고자 하는 이유는 보편성과 특수성의 적절한 조화를 위해서이다.[22] 고등학생의 나이가 되면 각자의 개성이 분명해진다. 지금과 같은 사회에서 이들의 적성, 흥미, 능력은 다양해질 수밖에 없다. 이를 존중하는 것은 좋다. 하지만 학교는 이를 분리하고 나누기보다는 통합하고 조화시켜야한다. 그래야 서로를 이해하고 존중하는 교육이 이루어진다. 융합을 통한 시너지 효과도 발생한다. 학교로 구분하기보다는 학교 내에서

---

가족과 함께 거주한 학생을 위한 학교이다.
22) 핀란드의 아르벤빠 고등학교는 보편성, 다양성, 특수성이 조화된 모범적인 사례로 보인다. 한국교육연구네트워크 총서기획팀(2010). 121쪽.

구분하는 데 그쳐야 한다.

□ 특성화고를 살리자

MB 정부에서 특목고로 분류한 마이스터고는 다시 특성화고로 제
자리를 찾는 것이 바람직하다. 특성화고는 졸업 후 대학 진학보다는
취업을 1차적으로 고려하는 학교 유형이다. 사회의 직종 가운데는 무
분별한 대학 진학 대신 이른 나이에 취업하는 것이 유리한 분야가 있
다. 특성화고는 이런 분야의 진출을 생각하는 학생을 위한 고등학교
이다. 그런데 산업 수요를 예측하여 협약학교 개념으로 설립된 마이
스터고야말로 이런 학교 유형의 대표적인 사례이다. 그러니 이 유형
을 특성화고의 대표모델로 발전시키는 것이 맞다.

우리 사회가 기록한 84%에 이르는 세계 최고의 대학 진학률은 자
랑거리가 아니라 부끄러운 일이다. 더구나 모든 고등학생이 졸업과
동시에 대학을 진학할 이유는 없다. 어떤 분야에서는 고교 졸업 후에
기술적으로 숙달하는 과정을 거치고, 이후 필요에 따라 대학을 진학
하는 것이 바람직하다. 이런 분야에서는 고졸 사원을 많이 선발하고,
이들에 대한 적절한 대우가 이루어져야 한다. 대학은 평생학습의 차
원에서 진학하는 개념으로 생각하면 된다.

특성화고를 살리는 길은 이 학교에 진학하는 학생들에게 실질적인
체험교육을 제공하여, 이들이 취업하면, 당장 활용할 수 인재로
기르는 것이다. 이미 이들 학교에 지원되는 학비 보조 등의 혜택을
계속 유지하고 더 강화해야 한다. 그러나 이들 학교에 다니는 학생을

위해 별도의 대학 입학정원을 확보하는 등의 조치는 결코 좋은 방안이 아니다. 특성화고를 좋은 대학을 가기 위한 경로로 인식하게 해서는 안 되기 때문이다. 특성화고는 특성화고의 목적에 맞는 학교로 자리 잡도록 돕는 것이 솔직하고도 현명한 방법이다.

그러므로 특성화고 가운데 학교 운영에 어려움을 겪고 있는 학교 역시 일반고로 전환시킨다. 현재, 마이스터고를 포함하면 특성화고는 전체 고등학교의 약 30%에 이른다. 그런데 중학교 졸업생 가운데 특성화고를 진학하는 비율은 약 22% 수준이다.[23] 또한 특성화고를 진학한 학생 가운데 31%가 4년제 대학, 50%는 2~3년제 대학에 진학한다. 고교 졸업 후 취업하는 인원은 18% 정도이지만 이 역시 제대로 된 직장을 구하는 것은 아니다.

이와 같은 특성화고의 입학과 졸업 후 경로를 살펴볼 때, 현재 특성화고의 비율은 과도하게 많은 편이다. 학생들을 방치할 뿐, 교육적 기능을 제대로 수행하지 못하는 학교도 많다. 특성화고에 다니는 학생들 가운데는 가정상황이 어려운 학생이 많다. 학교는 이런 학생에게 희망을 제공하는 곳이어야 한다. 그러나 현실의 특성화고는 어설프게 대학 진학을 도모하거나 무기력한 학생을 방치하는 곳이 많다. 목적에 충실하도록 현장에 밀착된 교육 프로그램을 갖춰야 한다.

특목고와 특성화고 모두는 학생이 갖고 있는 특별한 재능을 길러주는 고등학교로 자리 잡아야 한다. 이를 위한 정책방향은 이들 학교가 해당 학교의 설립목적에 맞는 교육과정을 운영하도록 돕고, 감시하는 데 있다. 이들 학교가 단지 대학을 진학하는 데 유리한 학교로

---

23) 학생의 진로경로에 따른 노동시장 진입 규모(한국직업능력개발원, 2009). 이주호 외 (2011). 89쪽에서 재인용.

변질되는 것을 방조해서는 곤란하다. 학생에게 전혀 무의미한 교육을
수행하는 것을 방치해서도 안 된다.

〈궁금해요! 철샘〉

☞ 수업시수나 수업일수를 줄이는 문제에서 고등학교 유형을 재
   편하는 것까지 해야 할 일이 많네요. 이렇게 많은 일 중 핵심
   은 무엇인가요?

제가 복잡하게 이야기한 것 같지만, 정리하자면 크게 4대 제안입
니다. 첫째, 교육과정 개편입니다. 총 이수단위를 대폭 감축하고,
수업일수를 현실화하고, 자기 주도 학습과 프로젝트 활동을 활성화
하는 일이 여기에 모두 포함됩니다. 둘째, 학교 시험 개선입니다.
절대, 상대평가 결과를 모두 기록하면서 수업을 담당하는 교사의
출제, 채점 권한을 강화하는 것이죠. 셋째, 수능시험을 이원화합니
다. 2학년 때 기본소양을 인증하는 시험을 먼저 치른 후, 수능시험
은 국, 수, 영 중 2과목, 탐구과목 중 3과목을 치릅니다. 이는 균형
잡힌 학습을 보장함과 동시에 개성을 기르기 위함입니다. 넷째, 고
교유형을 단순화합니다. 다양하면서도 통합적인 교육을 실현할 수
있도록 일반계고 지원을 강화하고, 꼭 필요한 특목고, 특성화고만을
남기는 것입니다.

아래 표를 보면, 이해가 쉬울 것입니다.

〈표 2-19〉 고등학교 혁신을 위한 4가지 핵심 정책

| | 현재 | 개선 |
|---|---|---|
| 교육과정 | - 총 이수단위: 204단위 이상<br>- 과목 기본이수단위: 5±1단위<br>- 국, 수, 영 위주 | - 총 이수단위: 130~150단위<br>- 과목 기본이수단위: 4±1단위<br>- 모든 과목 중요<br>* 학기제 및 수업일수 조정<br>* 자습, 프로젝트 활동 활성화 |
| 학교시험 | - 상대평가 9등급제<br>* 교사의 평가권 미약 | - 절대·상대평가 결과 모두 기록<br>* 교사의 평가권 강화 |
| 수능시험 | - 국, 수, 영 필수, 탐구 2과목<br>- 상대평가 9등급제 | - 2학년, 기본소양 인증평가<br>- 국, 수, 영 중 택 2, 탐구 3과목<br>* 당장은 상대평가 9등급제 유지 |
| 고교유형 | - 서열화 된 고등학교<br>　(특목고, 자사고, 특성화고,<br>　일반고)<br>- 문과/이과의 단절 | - 종합화된 고등학교<br>　(일반계고, 특목고, 특성화고)<br>- 일반고 내 통합 프로그램 운영<br>* 다양한 계열로 통섭 가능 |

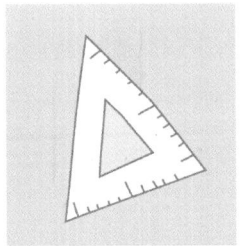

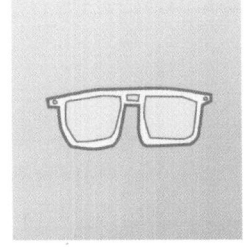

# Part 3

## 고등학교가
## 바뀌면
## 세상이
## 달라진다

이제까지의 제안이 정책화되어 실현된다면 고등학교를 비롯한 우리 교육은 바뀔 수 있다. 하지만 아직 마음을 놓으면 안 된다. 해야 할 일이 조금 더 남아 있다. 그것은 지칠 대로 지친 선생님들에게 새 희망을 주는 일이다. 또한 학생, 학부모, 시민에게 변화의 지향점이 무엇인지 분명히 밝히는 일이다.

## Ⅰ. 어느 고사나 고장이 될 수 있다

2011년 10월 취업포털 잡코리아(www.jobkorea.co.kr)가 발표한 자료에 따르면, 미혼 남성 직장인이 배우자로 희망하는 직업 1순위는 교사(26.3%)이다. 이어서 △ 공무원(21.5%), △ 간호사(7.6%) 등이 뒤를 이었다. 한편, 미혼 여성 직장인이 배우자로 선호하는 직업은 공무원 (22.3%)이 1위이며, △ 금융자산운용사(10.6%), △ 의사·한의사

(8.0%)에 이어 교사(6.1%)는 4위를 차지했다.24) 배우자의 직업으로서 교사가 상당히 선호되고 있음을 알 수 있다. 특히, 남성들은 여교사를 으뜸 신붓감으로 여기고 있음을 알 수 있다.

다른 보도에서도 교사에 대한 직업선호도는 높다. 지난 2008년 한국청소년상담원이 전국 2,000여 명의 중·고생을 대상으로 선호직업을 조사한 결과를 보면, 교사와 교수는 관료와 법조인에 이어 3위를 차지했다. 같은 해 한국고용정보원과 한국여성정책 연구원이 실시한 조사에서도 4년제 대학생이 가장 선호하는 직업은 중·고교 교사로 나타났다.25)

2010년 한국청소년정책연구원이 발간한 '2009 한국 청소년 진로·직업 실태조사'에서도 교사의 인기도는 1위이다. 이 보고서는 전국의 중·고등학생 6,509명을 대상으로 한 것으로, 응답자의 7.0%(여학생 7.8%, 남학생 6.4%)가 장래희망 직업으로 중등학교 교사를 꼽았다. 이어 음악가와 디자이너(각 4.2%), 한의사 및 의사(4.1%), 초등학교 교사(3.6%), 간호사(2.8%), 경찰관(2.6%), 연예인 및 스포츠 매니저 (2.5%) 등 순으로 선호도를 보였다.26)

이처럼 많은 사람들이 교사를 좋은 직업으로 생각하며, 본인이 되고 싶어 하거나 배우자의 직업이었으면 좋겠다고 생각한다. 이러한 인기도를 반영하듯, 중등교사 자격증을 받을 수 있는 사범대학이나 교직과정이 개설된 학과, 교육대학원 등에 입학하려는 열기가 높다.

교사가 되고자 하는 열망은 임용고사 경쟁률에서도 드러난다. 현

---

24) 한국경제신문(2011.10.11).
25) 파이낸셜뉴스(2010.05.13).
26) 국민일보(2010.05.19).

재 초등은 13개, 중등은 328개 교원양성기관에서 연간 5만여 명의 교사자격증 소지자를 배출하나, 1만 명 정도만 임용된다. 초등교원의 양성기관은 이화여대 초등교육과를 제외하고는 모두 국립대학이다. 수요를 고려하여 입학생 정원도 축소하고 있으므로 경쟁률은 중등이 비해 낮지만, 본래 임용을 전제로 하는 특수목적대학임을 감안하면 경쟁률은 거의 없거나 있다 해도 1.2 대 1 정도가 타당할 것이다. 하지만 실제 경쟁률은 그 이상이다. 아래 2009년도 자료를 보면 초등은 1.89 대 1, 중등은 16.36 대 1의 경쟁률을 보였다.

〈표 3-1〉 초·중등 교원 임용고사 경쟁률('09)

| 연도 | 모집인원(명) | 응시인원(명) | 경쟁률 |
|------|------------|------------|--------|
| 초등교원 | 6,128 | 11,562 | 1.89 : 1 |
| 중등교원 | 3,844 | 62,878 | 16.36 : 1 |

출처: 서정화 외(2010)

이러한 경향은 좀처럼 달라지지 않고 있다. 특히, 중등학교 교원이 되기 위한 경쟁이 치열하다. 2010년에 실시된 2011학년도 서울시 공립 중등학교 교사 임용후보자 선정경쟁시험의 경쟁률은 무려 52.9 대 1이었다.

□ 교사의 삶이 힘들어진 이유

이처럼 어렵게 선생님이 되지만, 막상 현직 교사들의 사기는 매우 떨어져 있다. 그 이유는 다음과 같다. 먼저, 교육 외적 조건이 생각만큼 좋지만은 않다. 학교에서 한 교사가 담당해야 하는 수업과 업무

부담은 결코 만만한 것이 아니다. 특히, 학생들과의 수업을 가볍게 봐서는 안 된다. 한 시간의 수업은 육체적·정신적으로 많은 에너지가 소모되는 일이다. 일반인의 생각처럼, 모든 교사가 정시에 퇴근하거나 방학을 온전히 쉬는 것은 결코 아니다.

경제적인 대우도 좋다고 할 수 없다. 교사의 급여는 비정규직 노동자나 사회적 기업체에 근무하는 분들보다는 많겠지만, 비슷한 경력에 있는 기업체의 그것보다 대체로 적다. 일반 기업체에 비해 오랫동안 근무할 수 있고, 노후 연금도 풍족하다고 반론하겠지만, 새로 입직하는 젊은 선생님들에게는 그 혜택이 점차 줄고 있다.

하지만 교사의 삶이 어려워진 핵심적인 이유는 다른 데 있다. 무엇보다 선생님으로서 가르침의 즐거움과 보람을 느끼기 어려워졌기 때문이다. 정부 교육정책이 이를 조장해 왔다. 수업과 학생지도에 열의가 있는 교원은 사기를 잃고, 오히려 관리자나 교육행정을 하는 관료가 득세했다. 그 결과, 우리나라 선생님들의 사기는 매우 떨어져 있다. 이는 실증적인 자료에서도 드러난다. 아래에서 보듯, 2007년도 자료를 기초로 2009년도에 발표된 <그림> 교사의 직무만족도와 자기효능감은 OECD 23개 국가 중 최하위를 기록하기도 했다.

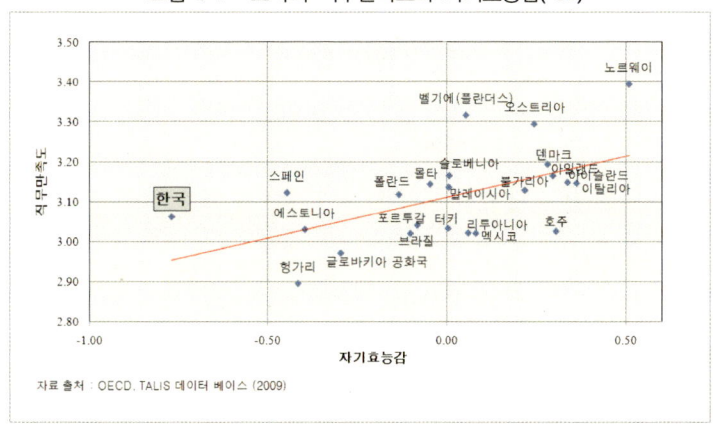

&lt;그림 3-1&gt; 교사의 직무만족도와 자기효능감('07)

자료 출처 : OECD, TALIS 데이터 베이스 (2009)

　　교사에 대한 왜곡된 사회 인식, 지시와 통제 위주의 관료적 행정 속에서 선생님들은 소극적이고 수동적인 문화를 갖기 쉽다. 실제로 오영재(2009)의 연구에 의하면, 중등 교사의 문화에 이런 문제가 보인다.

　　그에 의하면, 중등학교의 교사문화는 다음과 같다. 수업에서는 시험과 입시를 위한 도구적 수업문화가 지배한다. 행정업무는 형식적으로 때우고, 인간관계에서는 위계성과 개인주의 풍토가 혼재한다. 평가와 보상에 있어서는 물질적·경제적 보상보다는 심리적 보상을 중시한다. 환경의 변화에 대해서는 대체로 순응하는 문화를 가지고 있다.

　　이런 교직문화로는 변화를 기대하기 어렵다. 좋은 선생님 없이 좋은 교육을 이룰 수는 없다. 선생님이 보람과 만족을 느끼지 못하면 우리의 아이들도 불행할 수밖에 없다. 선생님이 주도적이지 못하면 학생들도 소극적일 수밖에 없다.

## ☞ 중등 교사문화의 특징

### 1) 수업: 시험과 입시를 위한 도구적 수업문화

시험에 나오지 않는 교과내용은 중요하지 않은 내용이며, 시험에 나올 것으로 예상되는 내용이 중요한 지식이 된다. 지식에 내재된 명징한 논리의 아름다움이나 힘, 창의적인 사고의 즐거움, 심미적 경험을 통한 삶의 승화욕구와 같은 교육적 가치는 별로 중요하지 않다. 지식의 가치는 시험과 대학입시라는 평가기제에 의해 결정될 뿐이다. 입시에 중요하지 않은 과목은 숙제도 마음대로 내줄 수 없다.

### 2) 행정업무: 형식적으로 때우기 문화

"교사는 학생을 잘 가르치는 것이 제일이라는 생각을 갖고 있었던 내 생각이 착오임을 알게 된 수많은 공문들. 많은 학생들을 가르치고 관리하고 내려오는 공문을 처리하다 보면 교재 연구할 시간이 없다. 거기에 잦은 출장, 교사들이 자기 발전을 위해 할애할 시간이 없다는 말을 비로소 실감하게 되었다. 수업보다는 업무가 우선순위인 현실이 나에게 낯설었고, 내가 생각했던 것처럼 교직은 학생과 교사만 있는 곳이 아니라 공문들과 그 밖의 잡무가 많다는 것을 알게 되었다."

### 3) 인간관계: 평등사회 속의 위계성, 닫힌 자족적 성(城)에서 간섭하지 않고 홀로 지내는 개인주의 문화

흔히 교직사회에서의 동료관계를 평등한 관계라고 말한다. 그러나 교직사회를 좀 더 심층적으로 관찰한 연구결과를 보면, 교직사회는 상당히 위계적이다. 여교사와 남교사 간, 보직교사와 평교사 간, 기혼 교사와 미혼 교사 간, 담임교사와 비담임교사 간에 서열이 있는 것이다.

개인주의 문화에 익숙해진 교사들은 서로 "간섭받는 것도 싫어하고, 간섭하려 하지도 않는다." 따라서 친밀한 몇 사람 또는 특별한 관계(같은 동문, 같은 교원단체 소속 등)에 있는 교사들을 제외하고는 서로에 대해 잘 모르며 '피상적인 관계'만을 맺고 있는 것이다.

### 4) 평가와 보상: 심리적 보상 중시 문화

교사들의 기쁨의 원천은 학생들에게 베풂과 학생들의 가치 있는 행동 변화를 보는 것이다. 교사들은 학생들이 가치 있는 행동 변화를 보일 때, 학급 운영의 원칙이 지켜질 때, 졸업생들의 방문, 만족스러운 수업이 이루어질 때 교단에 선 교사로서의 기쁨을 느낀다고 밝히고 있다. 담임교사이든 비담임교사이든 대부분의 교사들이 학생들에게 교과지식이든, 도움이든, 사랑이든 무엇인가를 주는 것을 통해서 행복을 느끼고 있다.

### 5) 환경의 변화 요구에 대한 대응: 선택적으로 순응하는 문화

중등 교사들은 교육정책의 변화에 대해서 호의적인 경우가 드물다. 학교 현장의 사정을 고려하지 않은 밀어붙이기 개혁이라는 인식을 많이 하고 있다. 따라서 교사들은 외부의 변화 압력과 요구에 대해서 냉소적이지만, 선택적으로 수용하기도 한다. 바꾸

## □ 선생님의 기를 살려 주어야

우리에겐 선생님의 기를 살려 줄 수 있는 정책이 필요하다. 요점은 이들의 자존심과 자긍심을 더 자극하고 존중하는 것이다. 이렇게 하면, 선생님은 지금보다 훨씬 주도적이고 전문적이 될 것이다. 보다 자율적이 될 것이다. 이런 선생님에게 배우는 학생들 또한 훨씬 주도적이며 창의적인 인재로 성장할 것이다.

무엇보다, 선생님들이 주도성을 회복해야 한다. 이런 주도성을 설명하는 단어로, 이스라엘 인의 성격을 설명하는 개념인 '후츠파(chutzpah)'가 적절하다고 생각한다. 한 유대인 학자에 의하면, 이 단어는 "주제넘은, 뻔뻔스러운, 철면피, 놀라운 용기, 오만이라는 뜻을 담고 있지만, 다른 단어나 언어가 제대로 형언할 수 없는 이스라엘만의 고유단어"이다.[27]

이스라엘 인들의 인간관계와 대화법은 우리와 많이 다르다고 한다. 그들은 부하라고 해도 상사의 지시에 대해 자신의 의견이 다른 점을

---

27) 댄세노르·사울 싱어, 윤종록 역(2010), 47쪽.

당당하게 말하고, 사병이라고 해도 장교의 말을 무조건 따르지 않는다고 한다. 위계적인 문화가 일반화된 우리 눈으로 보면, 이스라엘 사람들은 매우 건방지고 잘난 체하는 사람들로 보일 것이다. 그러나 작지만 강한 나라에 사는 이들의 창의성과 주도성은 바로 이런 특성에서 나온다고 한다.

30만 명이 넘는 우리나라 초·중등 교사에게 필요로 하는 능력이 바로 이와 같은 '후츠파' 정신이 아닐까 한다. 이 정신을 갖춘 교사라면 정부의 정책, 교장이나 교감의 지적에 대해 그것이 옳지 않다면 당당히 맞설 수 있다. 그리고 이런 교사는 다른 누구의 지시나 간섭 없이도 스스로 주도적이고 창의적으로 학생을 지도할 수 있다.

반대로, 지금 우리의 교사는 국가정책에 한숨이나 짓고, 교장과 교감의 요구에 마지못해 일하는 척하는 소시민적 삶을 살고 있다. 이런 교사는 학생에게도 다른 생각하지 말고, 열심히 공부할 것만을 요구하게 된다. 주어진 시험이나 잘 봐서 좋은 대학 가야 한다는 식으로 학생을 순응시킨다. 그러고는 어려운 시험문제를 출제해서 학생들의 기를 꺾어 놓고야 만다.

선생님의 경험이 없는 교육 관료는, 교직문화를 제대로 이해하지 못해 엉뚱한 교원정책을 내놓았다. 성과급제나 교원능력개발 평가제가 대표적이다. 그러나 이런 정책으로 인해 교사는 더욱더 소시민으로 격하된다. 여기저기 눈치만 보는 샐러리맨으로 전락한다. 대안의 방향은 교사를 보다 자존심 강한 지식인으로 대접하고, 그런 문화를 북돋는 것이다.

교사에게 요구되는 역량부터 진취적으로 제시해야 한다. 그래야 학교문화가 달라진다. 주도적인 선생님들이 창의적인 학생들을 길러

낸다. 우선, 교사라면, 자질과 태도의 측면에서 세계와 인간을 이해하는 폭넓은 안목, 주도적이며 창의적인 사고방식과 태도가 필요하다. 물론, 학생에 대한 따뜻한 관심과 배려심, 민주적 리더십과 참여정신도 요구된다. 다음으로는 전문지식과 지도능력이다. 담당하는 교과를 지도할 만한 충분한 지식이 있어야 하며, 창의적 체험활동 등 비교과 영역에서도 전문가여야 한다. 다양한 수업을 설계하고 진행하는 능력, 학생의 능력을 바르게 평가할 수 있는 평가능력 등도 필요하다. 이상을 정리하면 다음과 같다.

〈표 3-2〉 교사가 갖추어야 하는 역량

| 요소 | 내용 |
|---|---|
| 자질<br>및<br>태도 | - 세계와 인간을 이해하는 폭넓은 안목<br>- 주도적이며 창의적인 사고방식과 태도<br>- 학생에 대한 관심과 배려(학생 존중)<br>- 학교(학급) 경영을 위한 민주적 리더십과 참여정신 |
| 전문지식<br>및<br>지도능력 | - 해당 교과에 대한 전문적 지식과 응용력<br>- 비교과(창의적 체험활동)에 대한 전문적 역량<br>- 강의, 토론, 실험 프로젝트 등 다양한 수업방식 이해 및 지도능력<br>- 수행평가, 지필평가, 고사 관리, 기록 등을 수행할 수 있는 평가전문성 |

출처: 서정화 외(2010), 재가공

다음으로 해야 할 일은 이들의 사회적 책무를 강화하는 것이다. 교사에게 '수업만 잘하면 된다', '담임교사로서 충실하면 된다'와 같은 요구만 해서는 안 된다. 오히려 의식 있는 교사가 되도록, 학교와 사회를 변화시키는 책무를 다하도록 독려해야 한다.[28) 교육격차를 해

---

28) 여기서 "훌륭한 가르침은 하나의 테크닉으로 격하되지 않는다. 교사가 자신의 정체성과 성실성을 회복하고 자아의식과 소명의식을 기억한다면 권위는 저절로 찾아온다"는 J. 파머의 말을 되새겨 볼 필요가 있겠다. 자세한 내용은 파커 J. 파머, 이종인·이은정

소하고, 교육여건을 개선하는 일, 어려운 환경에 처한 학생을 돕는 교육봉사 등에 앞장서도록 권장한다. 지역, 사회, 국가의 교육문제 전반에 관심을 갖고 개선에 참여하도록 기회를 제공한다.

선생님 스스로도 정부 정책에 기대기보다는 먼저 나서야 한다. 이를 위한 첫걸음은 다양한 조직활동이다. 노동조합이나 교과 협의회만으로는 부족하다. 교사의 업무, 관심사를 기초로 교육적 문제와 사회적 문제에 참여하는 공적 조직이 필요하다. 교육나눔 봉사회, 사교육 대안모임 등을 조직해서 해당 학교와 지역 교육환경의 개선을 위한 사업을 직접 수행해야 한다. 진학교사협의체, 교무교사협의체, 교육평가교사협의체를 만들어 활동해야 한다. 정부 정책을 뒤따라가며 분석하는 일 대신 대학입시, 교육과정, 생활기록부 작성 등에 대한 실무적 대안을 제시하는 일에 진력해야 한다.

## □ 교감, 교장 자격 폐지

주도적인 교사가 넘치는 교육 현장을 만들기 위해 불필요한 제도와 정책은 과감히 폐기한다. 먼저, 교사의 승진제도와 교감, 교장 자격제를 폐지한다. 교감과 교장은 교육적 경험과 경영 능력이 있는 분이 해 주면 좋겠지만, 이 일에 자격증이 필요하지는 않다.

회사를 운영하는 사장이나 회장에게 자격증이 필요하단 말을 듣지 못했다. 대학의 총장에게도 특별한 자격증을 요구하지 않는다. 경험과 능력이 있는 사람이 하면 되는 일이다. 마찬가지이다. 교감이나 교

---

역(2008). 47쪽, 85쪽을 참고할 수 있다.

장은 능력이 있는 교사가 하면 된다. 자격을 부여해서 이들 외에는 아예 할 수 없다는 제한을 할 이유가 없다.

교감과 교장의 자격증은 폐지하고, 선생님 가운데서 공모 등 방식으로 선발하는 것이 현재로서는 가장 좋은 방안이다. 이미 이런 식의 공모제가 시행되고 있다. 그러나 MB 정부는 교감이나 교장 자격증을 가진 교사만을 대상으로 공모하면서 이를 공모제라고 말한다. 이렇게 해서는 정책의 효과가 전혀 없다.

학교에서 교감, 교장 자격증을 취득하려면 교사는 소위 점수 관리를 해야 한다. 비본질적이고 비교육적인 업무에 시간을 소모해야 하고, 때때로 교육적 소신을 버려야 한다. 교사를 소시민으로 만드는 또 하나의 주요한 기제가 바로 이와 같은 승진·자격제도인 것이다.

특히, 교감의 경우엔 그 존재의 필요성부터 다시 논의해야 한다. 교감이 교무업무를 총괄하면서 선생님들과 함께 교무실에 앉아 있으려면 그는 수업을 해야 한다. 수업을 하지 않으면 학생과 교사가 엮어 내는 학교의 현실을 파악할 수 없다. 교사들과 동질감을 형성할 수 없다. 그러니까 현재의 교감은 현실과 동떨어진 관리형 업무지시만 내리고 있는 것이다. 만약 수업을 하지 못하겠다면 행정실로 자리를 옮겨 행정업무를 하면 될 것이다. 이렇게 되면, 교무 업무를 총괄하는 일은 현재의 교무부장이 하면 된다. 교무부장이 수업을 적게 하면서 업무를 수행하면 되는 일이다.

□ 수석교사, 장학사, 연구사 폐지

2012년부터 시행되고 있는 수석교사제에 대해서도 재고의 여지가 있다. 수석교사가 현재 교장과 교감이라는 지위에 한 자격을 더 추가하는 것이라면 의미가 없다. 수석교사의 업무는 주로 교사의 수업활동을 돕는 것으로 되어 있다. 과연 다른 선생님의 수업을 코치하고 지도하는 교사가 학교마다 필요한지는 의문이다. 더욱이 중·고등학교의 수업은 전문교과를 지도하는 수업인데, 다른 교과의 수석교사가 무엇을 얼마나 도와줄 수 있을지는 더욱 의심스럽다.

그럼에도 불구하고 학교에 수석교사가 한 분씩 필요하다면 해당 학교에서 적절한 분을 선발하면 된다. 하지만 현재 시행하는 수석교사제는 시·도 교육청에서 대상을 결정하고 선발한다. 이런 식으로 수석교사를 선정하겠다는 생각 자체가 관료적인 사고방식이다. 이렇게 할 이유가 없다. 수석교사의 업무를 잘할 수 있는 선생님이 누군지는 해당 학교 선생님들이 잘 안다. 각 부서의 부장교사와 마찬가지로 학교 인사위원회에서 선발하거나 단위 학교에서 정하면 된다. 그래서 보직을 부여하고 2~3년간 그 업무를 수행하게 하면 된다. 그러니 당장 이 제도를 폐기하거나, 실시하려면 해당 학교 내에서 선발하는 방식으로 수정해야 한다.

다음으로 장학사, 연구사와 같은 어설픈 교육 행정 직제도 폐지해야 한다. 시·도 교육청이나 교육지원청의 업무가 모두 불필요하다고 할 수는 없다. 그러나 더 많은 것을 학교와 선생님에게 맡겨 자율성을 높여 주면 일을 줄일 수 있다. 또한, 꼭 필요한 일에 대해서는 이를 희망하는 교사를 파견하는 것으로 대신할 수 있다.

현재의 장학사와 연구사 제도의 가장 큰 문제점은 이 제도가 이들을 어설픈 행정직으로 변신하게 한다는 데 있다. 이들은 교사로서 경험을 가진 자 중에서 선발되지만 임용과 동시에 더 이상 교사로 복귀할 가능성이 없다. 학교로 돌아오면 수업을 하지 않는 교감이나 교장이 된다. 그러므로 이들은 학교와 교사에게 지시를 내리는 어설픈 행정직원으로 변모하기 시작한다.

학교에 어설픈 장학은 필요치 않다. 학교 교육에 대한 연구도 연구사가 할 이유도 없다. 학교 운영과 수업에 실제적 도움이 되는 일, 학교 교육과 지역의 교육정책을 연구하는 일은 선생님들이 하면 된다. 장학사, 연구사처럼 일정 기관에서 상시적으로 일하는 사람이 필요하다면 희망하는 교사를 파견하면 된다. 그리고 이들은 일정 기간의 경험을 쌓은 후 반드시 교직으로 돌아오게 해야 할 것이다.

파견의 기회는 더 많은 교사들에게 적극적으로 제공해야 한다. 교직 이외의 다른 경험을 권장하는 차원이다. 많은 교사들이 교대나 사대를 나와 임용고사를 보고 교직에 들어와 20~30년간 학생을 가르치며 교직문화에 머문다. 자칫, 학교문화에만 집착할 수도 있다. 따라서 이들에게 학교 밖에서 할 수 있는 다양한 업무의 기회를 제공해야 한다. 교사가 2~3년 가르치는 일에 종사하지 않는다고 해서 교사로서의 능력과 감각이 급격히 감소하지는 않는다. 오히려 더 많은 경험으로 더 좋은 수업을 하게 될 것이다. 학생들의 경험세계도 더 넓혀줄 것이다. 이런 차원에서 보면, 교직 이외 기관에 고용 휴직을 장려하는 일도 더 권장해야 할 것이다.

## □ 담임은 필요하다

선생님은 학생을 대상으로 자신이 갖고 있는 교과지식을 다양한 수업을 통해 가르치는 사람이다. 이를 위해 그에게는 교과에 대한 전문적 지식이 필요하며, 이를 학생들이 알기 쉽게 그리고 재미있게 배울 수 있도록 가르치는 수업 전문성이 필요하다.

그런데 선생님에게 필요한 능력은 이것으로 그치지 않는다. 학생을 바르게 이해하고, 학생의 문제에 대해 상담해 주며, 진로에 대해 조언해 줄 능력이 필요하다. 청소년으로서 고등학생은 감정적인 기복 변화가 클 수 있다. 자신감이 넘치다가도 어느새 의기소침할 수 있다. 삶의 의욕을 상실하고 게임에 몰두하는 폐인이 되기도 한다. 이런 학생들을 보살펴 주는 것이 학교, 선생님이 해야 하는 주된 일 가운데 하나이다.

그런데 지금의 고등학교 교실에서 선생님이 이 역할을 하기가 너무 힘들어졌다. 학생 수가 많아서이기도 하고, 교사의 권위가 실종되어 가고 있기 때문이기도 하다. MB 정부는 이에 대한 해결책으로 상담교사, 진로진학교사를 연수시켜 배치하고 있다. 커리어 코치, 학교 지키미, 방과후학교 도우미 등과 같은 보조인력을 많이 채용하고 있다.

하지만 이런 조치는 보다 깊이 생각하고 추진할 일이다. 자칫, 교사를 학원 강사로 전락시켜 학교를 학원화시킬 수도 있기 때문이다. 교사가 현재 수행하는 업무 부담을 경감해 주면, 당장은 좋아 보여도, 교사는 수업 전문가, 지식 전수자로 역할이 한정될 수 있다. 학생도 그러하다. 학생이 학교에 와서 교사에게 배우는 것은 지식뿐이라고 생각하면 곤란하다. 그렇다면, 학교는 오히려 효율적이지 못한 곳이다. 차라리 인터넷 공간을 뒤지거나, 학원을 다니는 것이 좋다.

이와 달리, 학생은 학교에 와서 인간적인 존중을 받고 보살핌을 받고 싶어 한다. 교사도 단지 수업 전문가가 아니라, 학생과의 상호작용을 통해 학생의 변화를 이끌어 내고 싶고, 이들과 인격적 만남을 이루고 싶다. 이는 인간이 갖는 근본적인 욕구이다. 매슬로우(Maslow, A.)가 지적하듯이, 인간은 본능적 욕구를 넘어 다른 누구로부터 인정받고 사랑받기를 원하는 존재이다.

나는 교실이 이러한 만남의 장소가 되어야 한다고 생각한다. 학급이 공동체의 역할을 해 주어야 한다고 생각한다. 그런데 어떤 조직이 공동체라고 말할 수 있으려면, 공동의 목적이 존재해야 하고, 합의된 규범이 있어야 하며, 친밀한 관계가 조성되어야 하고, 비교적 장기적으로 유지되어야 한다. 그래야 사람은 편안함을 느끼고 삶의 의미와 보람을 느낀다.

이런 분위기를 조성하는 데는 담임교사의 역할이 가장 중요하다. 학급에는 어느 정도 동질성이 있다고는 해도 개성이 다른 학생들이 함께 생활한다. 이들이 관계를 형성하고 서로 어울려 공부하는 과정은 그 자체가 중요한 사회생활이며, 인생 공부이다. 이를 관장하는 담임교사의 능력이 전문적이어야 함은 말할 필요가 없다. 담임교사는 때로는 공정한 심판관이어야 하고, 때로는 감독이나 코치여야 한다. 때로는 엄마이고 아빠이다. 때로는 언니이고 형이 되어야 한다.

교사에게 이런 능력, 자격, 권위가 필요함은 물론이다. 청소년에 대한 이해, 진로와 진학에 대한 지식과 경험, 인간관계에 대한 이해, 상담과 조언의 능력이 필요하다. 학생의 장점과 단점을 지적하고 기록할 수 있어야 하고, 이것이 그 자체로 존중되어야 한다. 학생의 잘못을 엄격하게 꾸짖고 처벌할 수 있는 권한도 주어져야 한다.

그러나 지금의 상담교사, 진로와 진학교사는 세분화된 영역의 전문가가 되어 가고 있다. 물론, 이런 세부능력을 갖춘 교사나 전문가가 학교에 있어서 나쁠 것은 없어 보인다. 그러나 이들을 배치하기 전에 학급당 학생 수를 줄이고, 교육과정을 개선하는 등 앞서 소개한 혁신정책을 선행하여 실현해야 한다. 담임교사의 권위를 인정해 주고 이들에게 많은 것을 맡겨야 한다. 문제의 본질을 피해 대증적 처방을 내리지 않았으면 좋겠다. 정공법으로 대처해서 문제를 해결해 가면 좋겠다.

## II. 학부모, 시민이 희망을 품는다

나의 제안이 실현되어 고등학교가 바뀌면 무엇이 달라질까? 무엇이 좋아질까? 무엇보다 학생들이 변화한다. 이제까지 무기력한 표정으로 억지 공부를 하던 학생들이 밝은 표정으로 주도적으로 공부하는 모습을 볼 수 있을 것이다. 학부모는 사교육 노이로제에서 벗어나게 될 것이다. 선생님은 주도적이며 의욕적으로 근무하게 될 것이다. 시민은 우리 교육에 자부심을 느끼게 될 것이다.

□ 고등학교 교육의 과제

통계청 홈페이지를 통해 계산한 바에 따르면, 2017년 우리나라 고등학생 수는 2012년 현재보다 약 30만 명이 감소될 것으로 전망된다. 아래에서 보듯, 만 15세부터 만 17세까지의 인구를 비교해 보면, 현재는 약 200만 명에 달하지만 2017년에는 약 168만 명으로 준다.

〈표 3-3〉 고교 재학 연령 추계인구 비교(2012년 vs. 2017년)

| 나이 | 2012년 | 2017년 |
|------|--------|--------|
| 17세 | 681,381 | 598,968 |
| 16세 | 668,235 | 569,903 |
| 15세 | 650,119 | 512,514 |
| 계 | 1,999,735 | 1,681,385 |

학생 수가 감소하는 만큼 우리는 이 학생들을 더 훌륭한 인재로 키워야 한다. 어린이집, 유치원, 초등학교, 중학교, 고등학교, 대학에 이르기까지 국가의 교육기관은 이 임무를 수행하는 제도이자 조직이다. 여기서 고등학교 교육의 과제는 무엇일까?

고등학교 교육의 과제는 의무교육을 마친 학생을 대상으로, 한편으로 기본소양을 다지고 다른 한편으로는 관심과 진로에 따른 특성화 교육의 기회를 제공하는 것이다. 그러므로 이러한 필요에 걸맞은 교육과정을 구성하고 학교 시험과 대학입시를 이에 맞추어 적합하게 바꾸어 주어야 한다. 보편성과 특수성이 조화를 이루도록 고등학교의 유형을 정립해 주어야 한다. 이를 위한 정책과 제도의 개선은 앞에서 언급한 바와 같다.

그런데 미래 사회의 인재는 학교 교육으로 완성되는 인재가 아니다. 평생학습 사회가 되었기 때문이다. 이 점에서 고등학교 교육은 완성형 교육을 지향할 이유가 없다. 미래 사회가 요구하는 인재는 학교 교육을 기초로 자신에게 필요한 공부를 계속하면서 꾸준히 발전하는 사람이다. 이러한 사람을 이른바 '지속 가능 학습인재'라고 부를 수 있을 것이다. 따라서 이제 고등학교 교육의 다른 목적은 모든 학생이 학습의 내적 동기를 형성하여 스스로 탐구하고 공부할 수 있는 역량을 갖추게 해 주는 데 있다.

하지만 2012년 현재 우리나라 고등학생들은 잔뜩 움츠려 있다. 과중한 공부, 진로와 진학 걱정으로 기가 꺾여 있고 풀이 죽어 있다. 좁은 교실에서 꽉 짜인 시간표로 스트레스만 쌓인다. 신체적으로는 어른의 모습을 갖추어 가는데 사회적으로는 어린애로 취급한다. 이제 곧 성인인데 어떤 길을 선택해야 하는지 알지 못한다. 앞은 캄캄한데

입시공부만 강요된다. 그리고 결정적으로 사교육은 학습의 주도성, 내적 동기를 상실하게 만든다.

## □ 사교육 의존의 문제점

**EBS**의 특별기획을 책으로 엮은 □학교란 무엇인가□에서는 보통 아이들이 사교육에 의존할 때 나타나는 문제점을 다음과 같이 지적한다.

> 첫째, 스스로 공부하는 방법을 알지 못한다. 귀와 눈으로 지식을 받아들이기만 할 뿐 왜 그런지, 어떻게 해결할 수 있는지 시도할 기회가 적었기 때문이다. 둘째, 다분히 의존적이다. 모든 문제는 혼자 고민해 볼 필요도 없이 선생님께 물어보면 되고 공부 계획도 스스로 짤 필요가 없기 때문이다. 셋째, 학습 의욕이 저해된다. 선행학습으로 학교에서 배울 것을 미리 안다고 생각하니 정작 학교에서 해당 수업을 할 때는 관심이 떨어지는 것이다(위의 책, 163~165쪽).

사교육기관은 자녀의 교육에 대해서는 너무나 연약한 우리나라의 부모들을 유혹하며 이들을 사교육 시장으로 끌어들인다. 상업적이며 비교육적인 학원의 마케팅 전략은 다음과 같다.29)

o 학부모의 불안감을 촉발한다.
- 현란한 언어로 과장된 표현으로 현실을 왜곡한다.
- 잘하는 애들은 물론이고, 주변의 모든 애들이 학원 다닌다고 한다.
- 한번 뒤처지면 쉽게 따라잡을 수 없다고 말한다.
- 학부모의 무식함, 자의식, 돌봐 줄 수 없는 여건 등 약점을 건드린다.

---

29) 이하의 내용은 카페 '사교육 걱정 없는 세상'(http://cafe.daum.net/no-worry)과 EBS 〈학교란 무엇인가〉 제작팀(2011)의 내용을 기초로 수정 편집한 것이다.

- 자신들이 전문가이므로 자신에게 맡기라고 설득한다.
o 우수한 성취를 거둔 학생들을 광고한다.
- 실제로는, 많은 학생들이 이들의 들러리에 불과하지만 이는 말하지 않는다.

o 영어는 엉터리 레벨테스트와 수준별 수업을 강조한다.
- 상당히 우수한 학생도 C등급이 나오게 한다.
- 우리 아이가 매우 뒤쳐져 있다는 불안감을 준다.
- 수준이 비슷한 아이들로 학급을 편성하면 성적이 향상될 수 있다는 희망을 준다.
- 학생이나 학부모가 오고 싶다고 올 수 있는 학원이 아니라고 튕긴다.

o 수학은 선행학습을 강조한다.
- 선행학습 없이는 점수 향상이 어렵다고 강조한다.
- 선행학습이 어느 정도 되어 있는지 확인하면서 학생과 학부모의 기를 죽인다.
- 어려운 문제, 변형된 문제, 끝없이 새로워지는 문제의 경향을 강조한다.

학부모나 학생이 학원의 이런 얄팍한 속셈을 안다고 해도, 여전히 사교육을 줄이지 못하는 이유는 학교 교육에 대한 불신 때문이다. 부모로서는 난해한 지식을 지도할 수 없다. 복잡해진 입시제도도 이해하기 어렵다. 학교와 학생만 믿고 내버려 두기에는 걱정이 커진다. 자녀에게 사교육을 시키지 않으면, 자녀는 공부하지 않고 노는 것으로만 보인다. 결국, 부모는 돈이 많이 드는 사교육시장으로 진입하고, 한번 발을 들여놓은 이상 쉽게 빼지 못한다.

공교육제도가 확립된 현대 사회에서, 국가는 국민에게 일정 수준 이상의 교육을 요구할 수 있고, 반대로 개인도 국가에 이를 요구할 권리를 갖는다. 하지만 개인이나 국가가 이를 무한히 요구할 수는 없다. 이는 오히려 개인의 자유를 침해하고, 학습의 권리를 제한하게 될 것이기 때문이다. 따라서 최소한의 합의 수준이 형성되는데, 이것이 바로 의무교육이다.

현재, 우리나라는 중학교 과정까지를 의무교육으로 지정하고 있다. 따라서 이 과정까지 학비를 면제하고 무상급식도 추진하고 있다. 하지만 어떤 부모와 학생은 이를 거부하고 다른 방식으로 공부한다. 이들은 대안학교나 가정학교를 통해 그들이 원하는 공부를 하고 있다. 이 교육을 위해 비용을 지출하며 각종 불편함을 기꺼이 감수한다.

이처럼 의무교육을 부정하는 사람들도 있는 상황에서, 사교육을 모두 금지하는 것은 가능한 일이 아니다. 헌법재판소도 과외교육 금지는, "자녀의 교육권 등 국민의 기본권을 필요 이상으로 과도하게 침해한 것"이라는 이유로, 지난 2000년 4월 27일, 위헌 판결을 내린 바 있다. 그러므로 정부가 할 수 있는 일은 사교육 자체를 금지하는 것이 아니라, 문제가 되는 사교육, 위법적인 사교육을 가려 내고 이를 금지하는 일이다.

소상업에 가까운 과외교습은 큰 문제가 아니다. 학생은 스스로 하기 어려운 공부를 도와주는 선생님을 얻을 수 있어서 좋고, 선생님은 학생을 가르치며 보람을 느끼고 생계를 유지할 수 있다. 부모 입장에서도 큰 부담이 아니라면, 다른 소비보다는 자녀의 교육을 위해 지출하는 것이 가치 있는 일로 생각한다.

학교에서 제대로 가르쳐 주지 못하는 내용이나, 학교에서 하지 못하는 방식으로 지도하는 사교육도 괜찮다. 부모와 학생이 이런 점 외에도 '비용이 적절한가, 거리가 적절한가, 더 좋은 방법은 없는가?' 등을 고려해서 선택하게 하면 그만이다. 이런 사교육, 이런 결정을 비도덕적이라 비난할 이유는 없다. 모든 교육을 국가 교육기관인 학교가 독점할 명분은 없기 때문이다.

문제는 기업형 학원과 스타급 강사들이다. 이들도 출발점은 소상인에 불과했을지 모르지만, 자본주의 시장경쟁에서 살아남아 대기업 못지않은 이윤을 남기는 기업체, 연예인 못지않은 스타 강사로 성장했다. 이들이 정상적으로 활동한다면 역시, 비난할 이유가 없다. 다만, 이렇게 될수록 유혹에 노출될 가능성도 커진다. 따라서 이들이 범하는 비교육적 교수활동, 비정상적인 가격, 투명하지 않은 회계와 탈세 의혹 등에 대해서는 철저하게 단속하고 조치해야 한다.

국가가 해야 할 일은 이런 일이다. 문제가 되는 사교육을 단속한다면서, 소규모 과외, 학원업자만 단속한다면 곤란하다. 약자에게 강하고 강자에게는 관대한 정부를 학부모와 학생은 신뢰하지 않는다. 그들도 눈치를 살피며 더 좋은 사교육기관을 찾아다닐 수밖에 없다.

물론, 국가가 해야 할 더 중요한 일은, 이러한 사교육의 필요성을 학부모나 학생이 느끼지 못하도록 해 주는 일이다. 지나친 사교육은 오히려 자녀의 주도적 학습력을 감소시키게 할 뿐이라는 점을 학부모가 확실하게 인지하게 해 주는 일이다. 이를 위해, 교육과정을 바꾸고 수학능력시험과 학교의 시험을 바꾸어야 한다. 그리고 일련의 교육혁신 정책을 추진해야 한다. 요컨대, 별도의 사교육대책을 세우지 말고, 공교육을 혁신하는 데 진력해야 한다.

□ 낭만적인 학생관에서 벗어나야

나는 20년이 넘게 고등학교 교사로서 수업을 해 왔지만, 혼자서 어떤 수업을 구상할 때는, 나도 모르게 학생들이 매우 열심히 수업에 참여하는 모습을 상상한다. 내가 교실에 들어가면, 다소 소란스러웠던 학생들이 자리를 잡고 앉아, 나의 말에 귀를 기울이고, 열심히 공부하는 학생을 상상한다. 내가 질문을 던져 관심을 유도하면 적극적으로 대답하고, 중요한 부분을 설명하면 열심히 듣고 필기하고, 어떤 주제에 대해서는 진지하고 흥미롭게 발표하는 학생을 상상한다. 때로는 지루한 분위기를 깨는, 재미있는 상황도 있는, 즐거운 수업을 상상한다.

하지만 학생의 입장에서 생각해 보자. 40명에 가까운 학생이 모여 있는 교실에서, 그들은 작은 책걸상이 위치한 좁은 공간을 차지하고 앉아 있다. 날마다 정규 수업만 7시간 넘게 이런저런 과목의 수업을 들어야 한다. 아침 자습도 있고, 방과후학교도 강요된다면 그 시간은 더 늘어난다. 대부분의 학생은 학교를 마쳐 봐야, 학원에 가서 영어나 수학 강좌를 또 들어야 한다. 학원에서 해오라는 숙제도 해야 한다.

어떤 학생은 학교의 수업에 아예 관심이 없다. 초등학교와 중학교를 지나면서 공부에 관심을 잃었다. 학기 초에는 그래도 관심을 갖고 공부해 보려 하지만, 곧 자신이 따라잡을 수 없는 것이라며 포기해 버렸다. 공부보다는 연예인이나 게임에 대한 이야기를 친구들과 나누는 것이 더 재미있다. 수업시간이라 해도 틈만 나면 친구들과 이야기하거나 장난치고 싶다. 핸드폰에 있는 게임을 하고 싶다. 선생님이 이를 못 하게 한다면 잠을 자는 편이 낫다고 생각한다.

현실 속의 학생은 예의 바르고 착하고 열심히 공부하는 학생이 아니다. 백지상태의 학생도 아니다. 고등학생이라면 15년 이상 살아온 경험과 생각이 녹아 있다. 태어날 때부터 성격이나 능력이 다르고, 자라온 환경과 겪은 경험이 다르다. 부유한 집에 태어난 학생도 있지만, 어려운 환경에 처한 학생이 더 많다. 어린이집, 유치원, 초등학교, 중학교를 거치며 공부해 왔으므로, 이미 수많은 성공과 실패를 경험했다.

생물학적 성장과정을 생각해 봐도 그렇다. 고등학생 시기는 인생에 있어 청소년기이다. 이 시기에 사람은 누구나 여러 가지에 호기심이 많고 에너지가 넘친다. 이성에 대한 관심, 화려하고 멋져 보이는 것에 대한 관심이 커진다. 그런데 이런 생각이 수시로 바뀌고 감정적으로는 쉽게 흔들리기도 한다. 옳고 그름에 대한 판단이 흐려질 때도 많다.

학생들이 모여 있는 학교와 교실이 항상 순수하고 안전한 교육의 공간이라고 가정하는 것은 상상일 뿐이다. 현실의 학생은 각자 다른 욕구와 꿈을 갖고 있으며, 다양한 상황에 놓여 있는 청소년들이다. 따라서 현실의 학교와 교실에서는 이런저런 일들이 일어난다. 학생들은 비상식적·비도덕적·비인격적 행동도 많이 한다.

지금의 학교 분위기와 제도가 이를 조장한 측면도 있다. 이를 변화시켜야 한다. 잘못을 저지르는 학생에게는 즉각적인 지적과 처벌이 필요하다. 바로 잘못을 인정하게 하고, 책임을 지게 해야 한다. 그래야 교육적 효과도 있다. 시간이 지나면 무디어지기 때문이다. 정학, 등교정지, 유급, 퇴학 등과 같은 처벌이 학교 구성원의 권한하에 신속하게 이루어져야 한다.

구체적인 학교와 교실은 각기 다른 많은 학생과 교사가 함께 만들어 가는 공간이다. 수많은 사연과 이야기가 존재할 수밖에 없다. 자율적인 메커니즘이 만들어져 돌아간다. 이런 자율성을 존중해야 한다. 국가나 시·도 교육청이 획일적인 지침을 내려 이래라 저래라 해서는 안 된다. 낭만적인 생각 또는 정파적인 생각으로 학교 현장을 통제하려 해서는 안 된다.

## □ 대학도 달라진다

　많은 학생이 그저 점수에 맞추어 대학을 진학한다. 대학에 진학한 다음에야 해당 대학과 전공학과가 자신에게 적합한 것인지를 고민하는 경우가 허다하다. 자신이 하고 싶은 공부나 일이 아니라, 대학 자체가 목표가 되었다. 따라서 이런 학생에게 대학은, 오히려 고등학교 때 공부하느라 지친, 심신을 풀어 주는 곳이 되고 만다. 대학생이 되면 공부를 덜 하게 되는 것이다.

　실제로, 2010년, 통계청이 발표한 '2009년 생활시간조사 결과'를 보면, 우리나라 대학생들의 평균 학습시간은 3시간 47분으로, 고등학생의 9시간 10분은 물론 6시간 15분 공부하는 초등학생보다 적었다.[30]

　그런데 이제 대학이 변화하고 있다. 최근 들어, 대학에서도 열심히 공부할 수밖에 없는 분위기가 조성되고 있다. 하지만 안타까운 점은 대학생이 열심히 하는 공부의 대부분이 취업, 대학원 진학, 유학처럼 당장의 목표를 달성하기 위한 공부라는 사실이다. 중·고등학교에서는 대학을 들어가기 위해 공부했는데, 대학에 가서도 마찬가지이다. 단기적 목표를 이루기 위한 도구적 공부에만 매달리는 것이다.

　물론, 세상의 많은 일은 목적 - 목표 - 수단의 관계로 상호 연결되어 있으며, 추상적인 목적보다는 구체적인 목표가 있을 때 동기의식이 강화된다. 공부도 마찬가지일 것이다. 하지만 문제는 대학생에게

---

30) 통계청, 2009년 생활시간조사 결과, 2010.3.30. 보도자료.

이런 관계를 파악하고, 동기의식을 내면화하는 과정이 너무나 많이 생략되고 있다는 점이다. 고등학생에게 대학입시가 무차별적으로 강제되는 것과 다르지 않다. 대학생이 되어도 여전히 경쟁에 뒤처지지 않으려고, 앞만 보고 달리는 관행적인 공부를 멈추지 못하고 있다.

그동안 대학은 학생의 교육에 대해서는 상대적으로 소홀했다. 우선의 관심은 학문과 연구의 성과물이었다. 국내외의 학술지에 실리는 논문을 얼마나 만들어 내느냐, 해당 대학의 교수들이 얼마나 명성이 있느냐 등이 각종 언론사 대학평가의 주된 기준이었기 때문이다. 대학 내에서 교수를 평가하는 기준에서도 연구 실적의 비중이 훨씬 높기 때문에, 대부분의 교수들은 교육은 시간강사에게 맡기고 논문을 쓰거나 각종 연구를 수행하는 데 치중해 왔다.

사회적으로도 대학의 교육에는 관심이 없었다. 학부모들은 소위 'SKY대학'으로 대표되는 전통적인 명문대학의 이름값에 의존하여, 자녀가 이들 대학에 진학하기만 바란다. 기업체도 이런 대학 출신을 우대한다. 이 대학에서 무엇을 어떻게 공부했느냐는 중요하지 않다.

하지만 나의 제안대로 고등학교의 변화가 일어난다면 대학도 변해야 한다. 고등학교 수준에서 기초를 닦고 자신의 진로방향을 분명히 하여 대학에 진학하므로, 대학은 보다 본격적인 공부를 하는 곳으로 자리 잡아야 한다. 교양지식도 더 쌓고, 전공분야에 대한 공부도 깊이 있게 하게 해 주어야 한다. 고등학생 때 관심 있게 수행한 공부와 프로젝트를 심화시켜 전문적이며, 창의적인 대안을 제시할 수 있는 능력을 심화하도록 도와야 한다.

## □ 공부의 즐거움을 알게 된다

공부가 즐거울 수 있는가? 학교에서 하루 7~8시간의 수업을 하고 과외나 학원에서 더 공부할 것을 강요당하는 고등학생은 수긍할 수 없는 말이다. 초등학생이나 중학생, 대학생도 고개를 갸웃거리기 쉽다. 친구들과 노는 것, TV 프로그램, 영화, 컴퓨터로 즐기는 각종 게임에 비해 확실히 지루하다. 공부는 이들에 비해 재미있지도, 웃기지도, 감동적이지도 않다.

하지만 즐거운 일이라 해도 그것을 계속 해야 한다면, 즐거움은 지속되지 않는다. 친구들과 놀거나, TV나 영화를 보거나, 컴퓨터 게임을 한다고 해도, 이를 계속 하라고 하면 즐겁지 않다. 나는 공부가 즐겁지 않은 이유도 대체로는 여기에 있다고 생각한다.

많은 인류학자, 교육학자가 지적하듯, 인간은 호기심이 많으며 학습능력이 뛰어난 동물이다. 무엇인가를 배우는 활동 자체는 인간에게 즐거운 일이다. 또한, 인간은 고통이 수반되어도 결과가 더 좋다면, 즐거운 마음으로 고통을 감수할 수 있는 사고능력도 가지고 있다. 힘들어도 공부를 통해 어떤 능력을 갖출 수 있고, 이로써 더 잘 살 수 있다면 즐거운 마음으로 공부한다. 이뿐만이 아니다. 인간은 이런 보상이 없어도 순수하게 공부할 수도 있다. 어떤 보상도 바라지 않고, 순수한 열정으로 공부의 재미에 빠져, 평생 동안 학문을 연구하며 산 사람은 수도 없이 많다.

우리 교육의 가장 큰 문제는 이런 공부의 즐거움을 빼앗아 간다는 데 있다. 즐거움이 사라진 곳에 새로운 호기심과 창의성이 솟아날 리 없다.[31] 순수했던 호기심은 계속적인 학습의 강요로 사라져 간다. 성장하면서 다양한 관심사가 생겨나지만, 학교의 교육과정은 주어진 것만을 공부하길 요구한다. 영어와 수학을 비롯해 대학 진학에 주로 필요한 과목들만 공부하라고 한다. 이 과목을 공부하면서 마땅히 느껴야 할 즐거움은 느낄 겨를이 없다. 더 잘 하라는 재촉만 있을 뿐이다.

학교는 즐거운 학습의 장소여야 하지만, 고통스런 공부를 강제하는 곳이 되었다. 국가의 교육정책은 학교의 자율성을 빼앗고 획일화하면서, 더욱더 큰 경쟁을 강요했다. 학생 간의 경쟁도 부족해서, 교사와 학교 간 경쟁을 강요했다. 학업성취도를 높인다거나, 학부모의 만족도를 높인다거나, 국가경쟁력을 높인다는 명분으로 학교에도 학원식의 교육을 요구했다.

공부는 즐거운 활동이어야 하고, 학교는 학생의 공부를 돕는 곳이어야 한다. 그리고 이 공부는 학생의 더 좋은 삶을 위한 것이어야 한다. 우리의 교육관을 이렇게 변화시키고, 이를 실현하는 학교를 만들고, 이를 조장하는 교육정책을 실현해야 한다.

□ '좋은 삶'을 위한 교육

교육은 무엇을 위한 것인가? 시대에 따라, 국가·사회·개인이라는 차원에 따라 다른 답을 내놓을 수 있을 것이다. 그런데 오늘날의 사회에서, 기본적으로 교육은 학생들에게 다양한 교육적 선택 거리를 제공하고, '좋은' 선택을 돕는 일이 아닐까 한다.[32] 그래서 해당 학습

---

31) 창의성을 연구하는 학자에 의하면, 창의성은 몰입 또는 '플로우(flow)'에서 나온다. 이를 위해 필요한 조건은 난이도와 능력의 조화, 분명한 목표, 명확한 피드백이다(최인수, 2011, 101쪽).

32) 이 교육관은 영국의 정치철학자 라즈(Raz, L.)와 교육철학자 화이트(White, J.)에 견

자가 궁극적으로 좋은 삶을 살게 해 주는 것이다.

여기서 생각해야 하는 중요한 개념은 '좋다(good)'라는 말이다. 여기서 말하는 '좋음'이 감각적인 쾌락이나 일시적인 즐거움이 아님은 쉽게 생각할 수 있다. 적어도 이는 장기적인 행복감이며, 사회적으로 인정될 수 있는 즐거움을, 사회적으로 용인된 방식으로 추구할 때, 얻어지는 느낌이다.

현대 사회는 과거에 비해 훨씬 다양화된 삶을 용인하는 자유민주주의 사회이다. 따라서 이 사회에서 좋은 삶을 살기 위해 요구하는 능력은 과거처럼 단순하지는 않다. 하지만 공통점이 있다. 바로 자율적인 삶, 주도적인 삶, 창의적인 삶이다.

이러한 자율성을 기르기 위한 학교 교육이라면, 그 외연은 지금보다 훨씬 확대되어야 한다. 무엇보다 이런 의미의 자율성을 기르기 위해 요구되는 교육과정은 현재와 같은 교과지식으로 한정될 수 없다.33) 지금의 수업시간에 공부하는 것으로, 대학입시를 위한 시험공부를 하는 것으로는 부족하다. 스스로 공부할 시간도 있어야 하고, 관심 있는 주제를 정해 탐구할 시간도 필요하다. 때로는 학교를 벗어나 어른들과 만나야 한다. 자기 주도 학습, 프로젝트 학습, 체험학습 등이 학교 교육에서 요구되는 이유이다. 교육과정을 바꿔야 하는 이유이기도 하다.

---

해를 반영한 것이다. 관련된 논의는 김비환(2001), 김철중(2006), 김철중(2010)을 참고할 수 있다.

33) 라즈의 관점을 교육목적 및 교육과정과 연관시켜 논의한 학자로는 J. White가 있다. 그는 자유민주주의 사회의 핵심적 교육목적을 시민들이 자율적으로 잘 살아가도록 준비시켜 주는 것으로 보았으며, 이를 위한 국가교육과정은 과학, 수학, 기술보다는 인문학을 핵심으로 인성적 자질, 다양한 지식 유형, 예술적 경험 등을 중심에 두어야 한다고 보았다. 이에 대해서는 J. White, 이지헌·김희봉 역(2002), 242쪽과 270쪽을 참고할 수 있다.

국가는 국민 모두가 좋은 교육을 받을 수 있도록 도와야 한다. 국가의 존재 이유 자체가 국민이 보다 좋은 삶을 살도록 돕는 데 있는지도 모르겠다. 그런데 이 도움의 방식은 적극성을 가지되, 획일적이거나 강제적이지 않고, 가능하면 간접적이어야 한다. 그래야 자유주의적 다양성을 유지하면서도, 개인의 자유로운 선택과 그에 따르는 책임을 존중할 수 있기 때문이다.

더 고려할 점은 도움의 대상이다. 당연히, 국가는 국민 모두를 배려대상으로 고려해야 한다. 그런데 최근 신자유주의 경제의 흐름은 빈부의 격차를 심화하고, 사회적 약자를 더욱 양산하고 있다. 따라서 국가는 이들을 더욱 고려하고 배려해야 한다. 교육에 있어서도 다르지 않다. 이들이 교육에 있어 차별받지 않고, 평등한 자유를 누릴 수 있게 하는 것은 현대 국가의 중요한 책무가 되었다.

개인주의, 다양성, 공공성의 가치가 조화를 이루는 것도 중요하다.[34] 자유주의 사회에서 개인, 공동체, 국가의 가치는 상호 긴장관계를 이룬다. 개인의 자유를 우선하는 자유주의의 전통에서 보자면, 개인은 자신의 가치관에 따라 다양한 선호를 가질 수 있고, 이는 교육에 관해서도 마찬가지로 적용되는 것처럼 보인다. 개인은 어떤 집단이나 권력, 권위로부터 자유롭게 교육적 선택이 가능해야 하며, 그를 제약하고 있는 선천적 또는 후천적 장애는 최대한 제거되어야 한다.

그런데 개인은 자신과 유사한 가치관, 신념체계를 갖고 있는 사람들을 모아 집단을 구성하려 한다. 이러한 움직임의 결과 현대적 공동체가 형성된다. 그리고 이렇게 형성된 공동체는 특징적인 교육의

---

34) Tyack(2003)도 미국 공교육이 지향해야 할 가치로 통합성, 다양성, 민주성을 강조한 바 있다.

필요성을 느낀다. 본래, 사립학교는 이러한 목적을 수행하기 위한 것이다.

하지만 이렇게 되면 공동체와 개인의 교육적 가치는 충돌할 가능성이 커진다. 개인의 신념체계와 공동체의 신념체계가 항상 일치할 수만은 없기 때문이다. 따라서 현대 자유주의 사회에서, 국가는 수많은 개인과 다양한 공동체가 이루는 상호 관계와 갈등관계 속에서, 이를 합리적으로 조정해야 할 책무를 갖게 된다. 이 점에서 국가는 교육의 실천적 장면에서 국가, 학교, 교사가 각각 지향하는 개성, 공동체성, 공공성의 가치를 조화롭게 조정할 책임을 지게 된다.

오늘날의 공교육, 학교 교육이 이 같은 사회정치적 책무를 다하기 위해서는 무엇보다, 세계를 단순하게 해석하거나 이분법적으로 특성화하여 대립적으로 표현하는 방식을 지양해야 한다. 예컨대, 보수 대 진보, 우파 대 좌파, 보편 대 특수, 집단 대 개인 등과 같은 대립적 표현을 남발하지 말아야 한다. 또한 특정한 신념체계, 개인, 공동체, 권력자의 이익만을 확산시키려 해서도 안 된다.

이러한 다양한 사회적 관계와 갈등에서 물러나 소극적이고 중립적인 입장으로 도피해서도 곤란하다. 현대 자유주의 사회에서 공교육의 임무는 많은 갈등을 중재하고, 학생과 국민에게 올바른 삶의 방향을 제시하고 권장하는 데 있기 때문이다.

〈궁금해요! 철샘〉

☞ 간략하게 요약해 주세요. 고등학교가 바뀌면 무엇이 달라지
나요?

　　다음과 같이 도표를 그려 말씀드리죠. 학생은 이제까지와 달리
능동적인 학습자로 대우받게 됩니다. 부모는 무조건 공부만 하라
는 이야기 대신 자녀의 프로젝트와 일반적인 과목의 공부 내용을
갖고 이야기하게 될 것입니다. 선생님은 무기력하거나 입시 전문
가에 불과했다면 적극적인 활동가로, 배움과 가르침의 전문가로
위상을 회복할 것입니다. 사회는 '좋은 삶'을 위한 교육이 이루어
지는 사회, 과정을 중시하는 여유 있는 사회, 평등한 사회로 거듭
나게 될 것입니다.

〈표 3-4〉 고등학교 혁신으로 달라지는 것

|  | 지금까지 | 앞으로 |
|---|---|---|
| 학생 | - 미숙한 청소년으로 간주<br>- 입시를 위한 공부에 매몰<br>- 과도한 수업과 학습 부담 | - 능동적인 학습자로 간주<br>- 성장을 위한 자기 주도적 공부<br>- 적절한 수업과 학습 부담 |
| 부모 | - 사교육 경쟁 심화<br>- 잘사는 부모에게 유리<br>- 자녀와 대화 단절(공부해라!) | - 사교육 필요성 감소<br>- 부모의 빈부와 무관<br>- 자녀와 대화 증가(어떤 공부가 좋으니?) |
| 교사 | - 무기력한 존재<br>- 입시 전문가로 전락<br>- 담당과목에 따른 양극화 | - 자존심 강하고 적극적인 활동가<br>- 배움과 가르침의 전문가<br>- 모든 과목의 교사가 중요 |
| 사회 | - 경쟁을 위한 교육<br>- 교육을 통한 양극화 심화<br>- 성과 중심 사회 지향<br>- 빡빡한 사회 | - '좋은 삶'을 위한 교육<br>- 교육을 통한 평등 실현<br>- 과정 중심 사회 지향<br>- 여유 있는 사회 |

# Ⅲ. 교육혁신을 이룰 정부를 구성하자

교육의 변화는 궁극적으로는 학교의 수업과 학생의 공부에서 일어나야 한다. 그런데 그 변화는 국가의 정책, 제도, 법률의 변화 없이 일어날 수 없다. 자발적인 동력도 중요하지만, 제도화되지 않으면 지속성과 효과성이 떨어진다. 교육정책, 제도, 법률을 개정하는 일이 중요한 까닭이다. 이 점에서 어떤 정당이 다수당이 되고, 어떤 정부가 들어서느냐의 문제가 매우 중요하다.

## □ 새 정부가 해야 할 일

2013년 임기를 시작하는 새 정부가 교육혁신을 수행하고자 한다면, 이 정부가 해야 하는 일의 일정은 다음과 같을 것이다. 우선, 2013년에 바로 교육과정을 개정하는 고시를 해야 한다. 성급해 보여도, 교육과정부터 바꾸지 않으면 다른 일을 하기 어렵다. 다행히 교육과정 개정은 수시로 가능하며, 국회의 동의라든가 법적 절차가 따르지 않는다. 교과서 개정 등의 문제가 있겠지만, 해결할 수 있을 것이다. 그러면 이 교육과정은 2년의 준비기간을 거쳐 2015년 고등학교 1학년부터 적용할 수 있다. 교육과정 개정 시, 수업시수, 수업일수의 조정도 고시해서 연간 180일 수업이 실시됨을 미리 알려야 한다. 역시, 적용은 2015년부터 하면 된다.

이어서 학교 시험 평가방법의 개선과 수학능력 시험 개선안을 고시한다. 수능시험 개선안은 2015년의 고등학교 1학년이 3학년이 되는 해인 2017년에 치르는 2018 수능시험부터 적용된다. 적어도 3년 전에 고시되어야 하므로, 2014년에는 확정해야 한다. 학교 시험 평가방법 개선 역시 2015년 1학년부터 적용하면 된다.

교육과정과 시험의 개선도 중요하지만, 국회와 정부가 해야 할 또 다른 일은 고등학교가 새로운 교육과정을 운영할 수 있도록 시설을 갖추게 해 주는 일이다. 이 시설을 갖추는 데 필요한 예산을 확보해야 한다. 이는 2012년 연말에 확보해야 한다. 2013년도 예산으로 말이다. 하지만 너무 시간이 없다. 그러니 2013년에 새로운 정부가 추경예산으로 확보해야 한다. 2015년 2월까지 일단의 공사를 이루기 위함이다. 그래야 이해 1학년 학생부터 새로운 교육과정을 무리 없이 적용할 수 있다.

가장 중요한 시설은 도서관이다. 학생 식당이 없어 교실에서 급식을 시행했던 학교에 대해서는 큰 규모의 학생 식당도 마련해 주어야 한다. 이처럼 필요한 시설에 대해서는 학교의 여건에 따라 다를 것이므로, 개별 학교의 필요사항을 잘 파악해야 한다. 신설 학교에 대해서는 새로운 교육을 실현할 이상적인 모델로 건축한다.[35]

다음으로, 교사당 수업시수를 16시간 이내로 할 수 있도록 교사를 더 선발해야 한다. 16시간 수준까지 당장 교사 선발을 하기 어렵다고 해도 20시간을 넘겨서는 곤란하다. 이렇게 되면 선생님의 수업과 업무 부담이 너무 커진다. 두 분의 선생님이 하나의 교과교실을 공유하기도 어려워진다. 다양한 외부전문가들이 학교에 근무할 수 있는 여건과 제도도 만들어 내야 한다.

---

35) 새 학교의 건축 설계는 혁신적이어야 한다. 앞에서도 인용한 바 있는 핀란드의 아르벤빠 고등학교는 건물 한가운데 광장을 중심으로 방사형으로 영역별로 분리된 교실들이 연결 되어 있다. 이러한 형태의 고등학교 건물이 우리에게도 필요하다. 한국교육연구네트워크 총 서기획팀(2010). 121-132 참고하라.

일반계 고등학교를 강화하면서, 특목고를 정리하고, 자사고와 자공고 등을 축소하는 정책도 시행해야 한다. 그런데 이는 시·도 교육청에서 해야 할 일이다. 당장 2013년도부터 정부에서 방향을 제시하고 시·도 교육청이 필요한 조치를 취하면 된다. 이는 빠르면 2014년, 늦으면 2015년 고등학교 1학년 선발·배치 때에 적용되어야 할 것이다.

모든 일에는 비용이 따른다. 교육혁신, 새로운 고등학교를 만드는 일에도 그러하다. 이에 소요되는 비용의 계산은 정부의 몫이지만, 대통령 선거 전이라면 대선후보자와 해당 후보자가 소속된 정당이 하면 된다. 정당마다, 후보자마다 교육혁신을 위한 시설, 교사, 지원인력을 갖추는 데 필요한 예산을 산출하고, 이를 확보하는 방안을 제시하게끔 하는 것이다.

이제 국민은 이 가운데 가장 좋으면서도 실현 가능한 정책과 방안을 마련한 후보자를 선출하면 된다. 이러한 의미의 의사 표시로 대통령을 선출한다면, 선거 후 교육혁신에 대한 논쟁은 더 이상 필요하지 않을 것이다.[36]

□ 교육혁신을 추진할 부처

국민의 선택으로 집권한 정당과 대통령은 고등학교를 중심으로 하는 교육혁신을 핵심 정책으로 추진해 나가기만 하면 된다. 그런데 구체적인 정책방안을 만들고, 시행하려면, 현재의 정부부처와는 다른 형태가 필요하다.

그동안 우리나라 역대 정권의 교육개혁은 대통령실, 대통령 교육자

---

36) 무상급식 논쟁이 선거를 통해 어떻게 결정되었듯이, 교육혁신에 대한 결정도 선거를 통해 하면 된다.

문기구, 교육부 라는 3개 기관을 통해 이루어졌다. 대개 대통령실에는 교육을 담당하는 차관급의 수석비서관이 있어 왔다. 그리고 대통령 교육자문기구로는 YS 정부의 교육개혁위원회, DJ 정부의 새교육공동체위원회, 인적자원위원회가 있었고, 참여정부에서는 교육혁신위원회, MB 정부에는 교육과학기술자문회의가 있었다. 하지만 실제 교육정책을 주된 업무로 하며, 교육개혁을 실현할 수 있는 기구는 정부 행정기관으로서 교육부였다. 구체적인 명칭은 참여정부에서는 교육인적자원부, MB 정부에서는 교육과학기술부로 바뀌었지만 핵심 업무는 크게 변하지 않았다. 이 기관들 간의 역할과 관계를 어떻게 설정하면 좋을까?

MB 정부 교육정책의 실세라 할 수 있는 이주호는 국회의원 시절, 그가 의도한 교육정책의 기본 방향을 책으로 펴 낸 바 있다. □평준화를 넘어 다양화로□라는 책이 그것이다. 그가 이 책에서 밝힌 정책은 대체로 실현되었다. 그의 생각은 2007년도 대선의 한나라당 공약과 2008년도 인수위 백서에 그대로 반영되었다. 또한, 그는 직접 대통령실의 수석비서관, 교육과학기술부의 차관과 장관을 차례로 지내면서 구체적인 정책을 만들고 시행했다.

사실, 이전 정권에서는 교육부 장관의 재임 기간이 길지 않았고 자주 교체되었다.[37] 이로 인해 복잡하게 엉킨 실타래를 제대로 파악하기도 전에 보수적인 교육 관료, 집단의 이해관계에 얽힌 교원단체 등

---

37) 국민의 정부에서는 5년간 이해찬(1998~1999.05), 김덕중(1999.05~2000.01), 문용린(2000.01~2000.08), 송자(2000.08~2000.08), 이돈희(2000~2001), 한완상(2001.01~2002.01) 6명이 재임했고, 참여정부에서도 이상주(2002.01~2003.03), 윤덕홍(2003), 안병영(2003.12~2005.01), 이기준(2005), 김진표(2005), 김병준(2006.07~2006.08), 김신일(2006.09~2008.02) 7명이 있었다. 이 가운데 몇몇은 비리나 각종 명예롭지 못한 일과 관련된 정치적 공방에 시달리면서 바로 하차하여 임기가 며칠에 그친 경우도 있다.

에 가로막혀 제대로 일하지 못했다는 평가가 많았다. 그러나 MB 정부는 그렇지 않았다. 2012년 7월까지, 장관은 모두 세 명으로 정책적 일관성을 유지했다. 잘못된 정책이라면 일관성이 더 큰 문제이겠지만, 어쨌든 새 정부도 이처럼 오랜 기간 지속적으로 혁신을 추진할 수 있는 조직구조와 인사정책이 필요할 것이다.

새 정부가 교육혁신을 주된 공약으로 실천하려 한다면, 교육부, 교육자문기구, 대통령실의 조직과 직제는 새롭게 재편해야 한다. 우선, 현재의 교과부의 업무 가운데 과학기술업무는 분리하고 대신 보건복지부의 유아보육업무, 여성가족부의 청소년업무, 고용노동부의 직업훈련업무를 통합하여 관장 업무를 확대한다. 이렇게 되면 교육부는 복지와 사회 정의의 관점에서, 유아부터 어르신에 이르는 평생 학습을 관장하는 부처가 될 것이다.

그런데 이제까지 내가 언급한 고등학교를 중심으로 학교 교육을 혁신하는 부처는 따로 만들 필요가 있다. 예컨대, 이 부처의 명칭을 '학교교육혁신위원회'로 하여 대통령 직속기구로 구성한다. 그런데 이 부처는 기존 정부에 있던 교육자문기구의 위상과 조직처럼 구성해서는 안 된다. 기존의 교육 자문기구들은 독자적인 임무와 업무 영역이 불분명했다. 독자적인 결정권한, 집행권한, 독자적 예산도 갖지 못했다. 따라서 이 조직의 결정은 권고 수준에 그쳤다. 또한 조직 구성에 있어서도 상임 근무자는 적었고, 비상임 근무자가 대다수였다. 제대로 일을 하기 어려운 구조였다고 하겠다.

새로 만드는 '학교교육혁신위원회'는 그 성격이 자문기구가 아닌 혁신 집행기구여야 한다. 따라서 이 기구는 교육혁신의 핵심인 초·중등교육, 대학 입학, 대학교육에 관한 업무를 교과부에서 이관받아 직접 관장하고, 이에 따른 결정권과 집행권을 가져야 한다. 그래야 힘

있는 교육혁신을 이루어 낼 수 있다.

이 기구의 구성원은 기존의 교육부 공무원은 최소한으로 줄이고 교원, 시민, 전문가로 채워야 한다. 개방형 공모직, 계약직 등으로 채용하면 된다. 교사의 경우엔 파견을 할 수도 있다. 이들의 임무는 관료적 행정의 한계를 뛰어넘는 정책을 개발하고 시행하는 것이다. 이미 선거의 과정에서 주요한 결정이 내려진 다음이라면, 이 위원회는 의견 수렴을 이유로 시간을 허비하기보다는, 혁신 정책을 직접 수행하는 데 치중해야 한다. 우리나라의 권력구도를 볼 때, 새 정부는 집권 초반에 확실한 혁신 정책과 일정표를 내놓아야 한다.

모든 일에는 적절한 시기가 있다. 나의 제안이 실현된다면, 새로운 고등학교를 볼 수 있는 적절한 시기는 2017년이다. 그리고 새 정부가 교육혁신정책을 시작할 적절한 시기는 집권을 시작한 초기, 바로 2013년이다.

새 정부가 지향해야 할 교육정책을 MB 정부와 비교해 보면 다음과 같다.

〈표 3-5〉 MB 정부와 새 정부의 교육정책 비교

|  | 문제 인식 | 원인 | 해법 |
|---|---|---|---|
| 새<br>정부 | - 억지로 하는 공부<br>- 입시위주 경쟁교육<br>- 교육격차 심화<br>- 사교육 고통<br>- 불행한 학생<br>- 타율적인 학교 | - 2009 개정 교육과정<br>- 2014 수능<br>- 고교 서열화<br>- 수석교사제<br>- 형식적 자율화<br>- 관료중심 교육정책 | - 2013 교육과정<br>- 2016 고교 기본소양 인증<br>- 2018 수능<br>- 일반고 강화<br>- 교감, 교장 자격제 폐지<br>- 현장중심 교육혁신 정책 |
| MB<br>정부 | - 학력 격차<br>- 최하위권 학교 만족도<br>- 조기 유학<br>- 고통스런 사교육<br>- 타율적인 학교 | - 평준화<br>- 획일적인 입시<br>- 학생만 경쟁<br>- 규제 위주 관료적 행정 | - 다양화(서열화)<br>- 2009 개정 교육과정<br>- 2014 수능<br>- 입학사정관제<br>- 정보 공개(일제고사)<br>- 교원평가 |

<참고문헌>

교육과학기술부(2009.12.11). '사교육을 유발하지 않도록 고교입시 전면 개편' – 고등학교 선진화를 통해 다양한 교육력 제고 방안 마련. 보도자료

교육과학기술부(2009.12.23). '2009 개정 교육과정.' 교과부 고시 제 2009–41호

교육과학기술부(2010.1.26). '사교육 없이 스스로 공부한 학생이 외고 · 국제고에 입학한다'. –2011학년도 입학부터 자기주도 학습전형 전면 도입–. 보도자료

교육과학기술부(2010.4.8). '기초 · 심화과정 도입 등 고교 교육력 제고 방안 추진' –'10년 4월, 고교 교육력 제고를 위한 시범학교 60개교 공모–. 보도자료

교육과학기술부(2010.7). '학교생활기록부 작성 및 관리지침.' 교과부 훈령 187호

교육과학기술부(2011.1.27). '2014학년도 수능시험 개편방안 발표' 보도자료

교육과학기술부(2011.12.13). '중등학교 학사관리 선진화 방안.' 보도자료

김경훈 · 신일용 · 이명애 · 이용백 · 이정우(2011). "미국, 일본, 중국 대학입학시험 체제 비교에 기반한 수능 개선 방안." KICE Position Paper, 3(4). ORM 2011–7–4.

김대현·왕경순·이경화·이은화(1999). 프로젝트 학습의 운영. 학지사.

김비환(2001). "라즈의 자유주의적 완전주의의 전제들: 자율성, 다원주의 그리고 실천철학." 법철학연구, 4(1), 101–130.

김신영(2009). "대학수학능력시험의 개선 방안 탐색." 교육평가연구, 22(1), 1–27.

김철중(2006). "자유주의적 덕 교육의 가능성." 교육학연구, 44(1), 71–92.

김철중(2010). "통합적 자유주의교육론 탐구." 학교교육연구, 8(1),

69 -89.

댄세노르·사울 싱어, 윤종록 역(2010), 창업국가, 다흘미디어.

류방란·김성식(2006). "교육격차: 가정배경과 학교교육의 영향력 분석." 한국교육개발원 RR - 2006 - 7 - 2.

문재인(2011). 문재인의 운명. 가교출판.

변순용 외(2012). 고등학교 생활과 윤리. 천재교육.

서울특별시교육청(2011.4.11). '고등학교학업성적관리시행지침.'

서정화 외(2010). '교육선진화를 위한 교직경쟁력 강화방안.' 자문조사 2009 - 4. 교육과학기술부.

성열관·이순철(2011). 한국교육의 희망과 미래 혁신학교. 살림터.

오영재(2009). 한국의 중등학교 문화와 교육정책. 문음사.

이기정(2011). 교육을 잡는 자가 대권을 잡는다. 인물과사상사.

이명실(2010). "일본 단위제 고등학교 제도" 한국교육개발원 현안보고 OR 2010 - 05 - 1.

이종재(2009). "공교육 발전과 대학수학능력시험의 미래 전망." 대학수학능력시험의 현안 문제와 미래 전망. 제2회 KICE 교육과정·평가 정책 포럼 자료집. ORM 2009 - 22.

이주호 외(2006). 평준화를 넘어 다양화로. 학지사.

이주호 외(2011). 인재대국-이명박 정부의 교육과학기술정책-. 한국경제신문.

제17대 대통령직인수위원회(2008). 백서1 성공 그리고 나눔-이명박 정부의 국정철학과 핵심정책과제-. 제17대 대통령직인수위원회 보고서.

조영달(2011). "한국교육의 불평등과 교육정의." 황경식 외. 공정과 정의사회. 조선뉴스프레스

최인수(2011). 창의성의 발견. 쌤앤파커스

통계청(2010.3.30). '2009년 생활시간조사 결과'. 보도자료

파커 J. 파머, 이종인·이은정 역(2008). 가르칠 수 있는 용기. 한문화.

한국교육연구네트워크 총서기획팀(2010). 핀란드 교육혁명. 살림터.

한국교육학회 고교체제개편연구팀(2008). "자율형 사립고등학교의 추진 방안 및 과제." 정책토론회 자료집. 10월 1일. 서울교육문화회관 관악홀.

한혜정(2011). "'학생 맞춤형' 고등학교 교육과정 실현방안 탐색 – 캐나다 온타리오 주 중등교육과정을 중심으로 – ". 비교교육연구, 21(2), 75 – 99.

한국청소년정책연구원(2009). "아동, 청소년의 생활 패턴에 관한 국제 비교 연구."

후쿠타 세이지, 나성은·공영태 역(2008). 핀란드 교육의 성공: 북스힐.

EBS <학교란 무엇인가> 제작팀(2011). 학교란 무엇인가: 중앙Books.

Tyack, D.(2003). *Seeking Common Ground: Public Schools in a Diverse Society. Harvard University Press.*

White, J.(1990). *Education and good life. University of London.* 이지헌·김희봉 역(2002). 교육목적론: 학지사.


고입정보 포털 (http://www.hischool.go.kr) 홈페이지

국민일보 쿠키뉴스(2010.05.19). '청소년 장래희망 중등교사 으뜸.'

국민일보 쿠키뉴스(2011.01.15). '학생도 교사도 외면하는 자공고… "정책 수정해야" vs "성급한 주장".'

네이버 지식사전(http://terms.naver.com/). '5.31 교육개혁.' 한국민족문화대백과: 한국학중앙연구원.

사교육 걱정 없는 세상(http://cafe.daum.net/no – worry) 홈페이지.

세계일보(2012.01.17). '"학벌경쟁 싫다" 고교생 10명중 8명꼴 유학 희망.'

연합뉴스(2011.11.11). '고3 의무 이수시간 채워라: 수능후 편법 수업.'

조선일보(2009.8.7). '한국 청소년 하루 8시간 공부 OECD 평균보다 3시간 많아.'

파이낸셜뉴스(2010.05.13). '인기직업 교사, 그러나 매맞는 스승들.'

한겨레신문(2011.12.13). '15년전과 한글→영어 표기만 달라... 고교 등급제·본고사 우려.'

한국경제신문(2011.10.11). '남자는 교사·여자는 공무원 배우자 원해.'

한국경제신문(2012.03.29). '행정안전부, 민간경력자 5급 일괄채용 총 108명 선발.'

김철중 ────────────────────────────────

서울대학교 교육학과를 졸업하였고,
1992년부터 서울시내 공립고등학교 교사로 근무하고 있다.
한양대학교에서 교육학 박사학위를 받았으며,
DJ 정부와 MB 정부에서 대통령 교육자문기구인 새교육공동체위원회, 국가교육과학기술자문회
의 상근전문위원으로 근무했다.
한양대 · 이화여자대 · 세종대 · 안양대 · 경인교육대학교 등에서 강의하기도 하였다.

날로 심각해지는 교육 현장의 어려움을 체감하면서
감상적이거나 단편적이거나 정파적이지 않은,
합리적이고 종합적이며, 실제적인 대안을
제시해야 한다는 생각으로 이 책을 썼다.

E-mail : kcj2011@naver.com

대한민국 교육혁신 프로젝트

**2017년까지**
# 새로운 고등학교 만들기

| | |
|---|---|
| 중      쇄 | 2014년  3월  1일 |
| 초 판 발 행 | 2012년 10월 12일 |

| | |
|---|---|
| 지 은 이 | 김철중 |
| 펴 낸 이 | 채종준 |
| 펴 낸 곳 | 한국학술정보㈜ |
| 주      소 | 경기도 파주시 회동길 230 (문발동 513-5) |
| 전      화 | 031) 908-3181(대표) |
| 팩      스 | 031) 908-3189 |
| 홈 페 이 지 | http://ebook.kstudy.com |
| E - m a i l | 출판사업부  publish@kstudy.com |
| 등      록 | 제일산-115호(2000. 6. 19) |

| | |
|---|---|
| ISBN | 978-89-268-3843-3 93350 (Paper Book) |
| | 978-89-268-3844-0 95350 (e-Book) |

이담 Books 는 한국학술정보㈜의 지식실용서 브랜드입니다.